KB190684

성경과 종말

.

성경과 종말

The Bible & Last Days

강효민 지음

새싹 전도협회

성경과 종말

지 은 이 | 강효민

펴 낸 곳 | 새삶전도협회

초판발행 | 2015년 5월 30일

주　　소 | 서울시 광진구 능동로 314

전　　화 | 02-458-0691

팩　　스 | 02-453-9020

출판등록 | 제25100-2007-26호

▌ ISBN 978-89-6961-011-9 03230

▌ 정가 8,000원

얼마 전에 주님 품으로 가신
나의 어머님(손필순 사모님)께 이 책을 바칩니다.

"

어머니!
어머니는 최고의 어머니셨습니다.
사랑합니다. 영원히!

"

『성경과 종말』책을 내며

15년 전에 『성경이 말하는 세상 끝날의 일들』이라는 책을 낸 적이 있습니다. 『성경과 종말』은 그 책의 개정판입니다. 내용 면에 있어 크게 고친 것은 없고, 편집이나 표현에 있어 깔끔하지 못한 부분들을 고쳤습니다.

세상은 변해도 성경은 변하지 않습니다. 성경은 하나님의 말씀이고 영원히 변하지 않는 진리입니다.

"이 세상은 어떻게 될 것인가? 세상에 종말은 과연 올 것인가?"

이 물음에 대해 성경만이 정확한 답을 줄 수 있습니다.

이 책이 '종말'에 관심 있는 분들에게 많이 읽혀지기를 바라고, 이 책을 통해서 누군가가 예수님을 믿게 된다면 그보다 더한 기쁨이 없겠습니다. 그것이 이 책을 내는 목적입니다.

이 책을 읽는 모든 분들에게 하나님의 은혜와 평강이 있기를 기원합니다.

꽃들이 아름다운 2015년 5월 어느 날에

강 효 민

『성경이 말하는 세상 끝날의 일들』 추천사

어느 날 제자들이 예수님께 세상 끝날에는 어떤 일들이 있을 것인가를 물었습니다(마 24:3). 예수님은 마태복음 24-25장에 나오는 소위 '감람산 강화'를 통해 그 질문에 답하셨습니다. 그 후 약 2천 년이 지난 지금 많은 이들이 같은 질문을 던집니다.

세상 끝날에는 어떤 일이 있을 것인가?

세상 끝날에 대한 관심은 특별히 세기(世紀)가 바뀌면서 고조되었습니다. 팀 라헤이와 제리 젠킨스가 쓴 『남겨진 사람들(Left Behind)』이란 책이 작년 한 해 동안 9백만 부가 팔린 것만 보아도 알 수 있습니다. 종말에 관한 지나친 관심은 '시한부 종말론'과 같은 사회적 물의를 일으키기도 하지만 성경을 진지하게 받아들이는 그리스도인들로서는 종말에 관한 성경의 예언을 그냥 지나칠 수 없음을 알기에 세상 끝날에 어떤 일들이 있을 것인지를 알고 싶어 하는 것입니다.

이 책은 세상 끝날에 일어날 일들을 평신도들이 이해하기 쉽도록 주제별로 정리하여 보여주고 있습니다. 즉, 그리스도의 공중 재림과 성도의 휴거, 7년 대환난, 어린 양의 혼인잔치, 그리스도의 지상 재림, 천년왕국, 새 예루살렘, 영원한 세계 등 일곱 항목으로 요약하여 종말에 일어날 사건들을 설명하고 있습니다. 전천년설(Premillennialism)과 환난전 휴거설

(Pretribulationalism) 입장에서 요한계시록과 다니엘서와 같은 예언서를 중심으로 종말에 벌어질 사건들을 엮고 있습니다. 예언에 대한 보다 깊은 이해를 위해서는 여러 견해와 다른 관점들을 제시하고 다루어야 하겠으나 이 책은 원래 교회 강단에서 평신도들을 대상으로 설교한 내용이므로 문자적 성경해석 관점에서 종말의 사건들을 보다 쉽게 풀어 설명하고 있습니다.

따라서 본 책은 종말론에 관해 기본적인 이해와 지식을 얻고자 하는 평신도들에게 혹은 신학생들에게 도움이 되리라 믿어 의심치 않습니다.

2000년 8월

워싱턴침례신학대학 학장

김 동 완

『성경이 말하는 세상 끝날의 일들』 서문

세상의 끝은 과연 오는가?

온다면 과연 어떤 방식으로 오게 될 것인가?

오랫동안 사람들이 궁금해 하던 주제이고 알기 원했던 내용입니다.

사람들의 이러한 궁금증에 대한 대답으로 많은 사람들이 나름대로 예언도 했고, 학설을 내놓기도 했습니다. 그리고 그중에 어떤 것들은 사람들의 상당한 관심을 불러일으키기도 했습니다. 그러나 중요한 것은 여기에 대해 과연 성경은 무엇이라고 말하고 있는가 하는 것입니다. 왜냐하면 성경이야말로 살아계신 하나님의 말씀이요, 결국 모든 것은 성경대로 이루어질 것이기 때문입니다.

그런데 오늘날 많은 사람들이 하나님의 말씀인 성경은 제쳐놓고 한낱 하나님의 피조물에 불과한 사람들의 예언이나 학설에 더 귀를 기울이는 것을 볼 때 제 마음에 안타까움이 있습니다. 또 성경을 잘못 해석하여 잘못된 종말론을 퍼뜨리며 사회에 물의를 빚고 있는 일부 사람들 때문에 성경 자체가 마치 이상한 책으로 인식되지 않을까 하는 우려도 있습니다.

이런 마음 때문에 부족하지만 이 책을 내게 되었습니다. 책의 내용은 본인이 섬기고 있는 교회에서 설교한 내용을 글로 옮

긴 것입니다. 이 책의 내용으로 누군가가 성경이 말하는 세상 끝
날에 대해 새로운 것을 배우게 되고, 아직 예수 그리스도를 알지
못함으로 자신의 사후나 종말에 대해 준비되지 않은 누군가가
예수 그리스도를 알게 되어 자신의 미래를 준비할 수 있다면 저
는 그것으로 크게 만족할 것입니다. 그리고 그것이 이 책을 내는
목적이기도 합니다.

바쁘신 중에도 원고를 다 읽어 주시고 기꺼이 추천사를 써 주
신 워싱턴침례신학대학의 김동완 학장님, 저에게 성경을 처음
으로 가르쳐 주시고 예수님을 알게 해주신 아버지(강인규 목사)
와 어머니, 늘 설교 준비와 여러 가지 목회일로 바쁜 나를 잘 이
해해 주는 아내와 조이, 건 그리고 부족한 사람에게 하나님의 말
씀으로 섬길 수 있는 기회를 주신 교회 가족들에게 진심으로 감
사드립니다.

이 책을 읽는 모든 분들에게 하나님의 축복과 은혜가 함께하
시기를 빕니다.

2000년 8월
강 효 민

CONTENTS

제1강 그리스도의 공중 재림과 휴거 ·········· 17

제2강 공중에서 있게 될 일 두 가지 ·········· 30

제3강 7년 대환난 ·········· 46

제4강 적그리스도와 거짓 선지자 ·········· 69

제5강 예수 그리스도의 지상 재림 ·········· 87

제6강 천년왕국 ·········· 104

제7강 영원세계 ·········· 127

제1강
그리스도의 공중 재림과 휴거

데살로니가전서 4:16-17

"주께서 호령과 천사장의 소리와 하나님의 나팔 소리로 친히 하늘로부터 강림하시리니 그리스도 안에서 죽은 자들이 먼저 일어나고 그 후에 우리 살아 남은 자들도 그들과 함께 구름 속으로 끌어 올려 공중에서 주를 영접하게 하시리니 그리하여 우리가 항상 주와 함께 있으리라"

성경을 보면 본격적인 종말은 그리스도의 공중 재림과 그와 함께 일어날 성도들의 공중 들림, 즉 '휴거(携擧)'로 시작됩니다. '휴거'는 '이끌려 올라간다'는 뜻입니다. 휴거되는 날은 성도들에게 있어서 최고의 날이 될 것입니다. 모든 슬픔과 괴로움에서 벗어나는 날이요, 앞서간 성도들을 공중에서 만나는 날이며, 무엇보다도 우리를 위해 피 흘려 돌아가시고 부활하신 우리 주님 예수 그리스도를 만나는 날이기 때문입니다.

휴거를 영어로는 'rapture'라고 하는데 이 단어를 영어사전에서 찾아보면 '황홀' 또는 '황홀감'으로 나옵니다. 그런데 원래 의미는 이것이 아닙니다. 데살로니가전서 4장 17절에 '끌어 올려'라는 표현이 나오는데 이 말을 뜻하는 라틴어에서 'rapture'라는 영어단어가 나왔습니다. 지금은 '황홀(감)'의 뜻으로 쓰이는데 그 이유는 이 날이 믿는 자들에게는 큰 기쁨과 환희의 날이기 때문입니다.

휴거에 대해서 가장 잘 설명하고 있는 말씀은 데살로니가전서 4장 16-17절입니다. 이 말씀은 예수님의 공중 재림, 성도들의 부활과 몸의 변화, 그리고 성도들이 공중으로 들림 받는 것에 대해서 말씀하고 있습니다. 이 세 가지는 거의 동시에 이루어지지만 편의상 하나씩 분리해서 생각해보겠습니다.

1. 예수님의 공중 재림

먼저 예수님의 공중 재림에 대해서 생각해보겠습니다.

데살로니가전서 4장 16a절입니다.

"주께서 호령과 천사장의 소리와 하나님의 나팔 소리로 친히 하늘로부터 강림하시리니."

여기서 말하는 '강림'은 지상 강림이 아닌 공중 강림을 의미합니다. 예수님의 재림은 '공중 재림'과 '지상 재림'으로 나뉘는데, 지상 재림은 공중 재림이 있고나서 7년 뒤에 있게 됩니다. 예수님께서 공중으로 재림하실 때는 몇 가지 소리가 동반됩니다.

먼저 '호령'이 있다고 했습니다. 호령은 지휘하기 위해 크게 소리 내어 명령하는 것을 말합니다. 이 호령이 누구의 호령인지 명확히 알 수 없으나 예수님의 호령이라고 생각됩니다. 요한복음 5장 25절에 보면 **"진실로 진실로 너희에게 이르노니 죽은 자들이 하나님의 아들의 음성을 들을 때가 오나니 곧 이 때라. 듣는 자는 살아나리라"** 하는 말씀이 있습니다. 하나님의 아들 예수님께서 '음성'을 내어 죽은 자들을 살릴 것을 말씀하고 있는데, 이 음성이 여기서 말하는 호령이 아닌가 생각됩니다. 내용은 그리스도 안에서 죽은 자들을 깨우면서 "위로 올라오라"는 명령일 것입니다.

요한복음 11장 43절에 보면 예수님께서 죽은 나사로를 살릴 때 "큰 소리로 나사로야 나오라" 부르셨는데 이런 것이 일종의 호령입니다. 요한계시록 11장에는 7년 대환난 기간 중에 두 증인이 복음을 전하다가 적그리스도에 의해 죽임을 당하는 이야기가 기록되어 있습니다. 그 시체가 땅에 버려진 채로 3일 반 동안 방치되다가 3일 반 후에 하나님께서 생기를 불어 넣어 살려 주십니다. 그리고 하늘로부터 "이리로 올라오라!" 하는 '큰 음성' 을 듣고 구름을 타고 하늘로 올라가는데(계 11:12) 그들이 들은 큰 음성도 호령입니다.

예수님께서 공중으로 재림하시는 그날, 죽은 자들을 향해서 그리고 이 땅에 살아 있는 성도들을 향해서 "살아나라!" "이리로 올라오라!" 하는 음성을 우리가 듣게 될 것입니다.

다음으로는 '천사장의 소리' 가 있다고 했습니다. 천사장의 소리는 예수님의 공중 재림을 알리는 소리 아니면 천사들을 지휘하는 소리일 것입니다.

그 다음으로는 '하나님의 나팔 소리' 가 있다고 했습니다. 이 나팔 소리가 어떠할지 저는 굉장히 궁금합니다. 호령과 천사장의 소리는 성경을 통해서 어느 정도 상상할 수가 있습니다. 그런데 하나님의 나팔 소리는 상상하기가 힘듭니다. 제가 개인적으로 가장 듣고 싶은 음악이 바로 주님께서 오실 그날 울려 퍼질 하나님의 나팔 소리입니다. 이 나팔 소리는 지금까지 우리가 들어보지 못한 가장 웅장하면서도 아름다운 소리일 것입니다. 세상의 어떤 오케스트라도 연주하지 못하는 기가 막히게 멋있고 아름다운, 그러면서도 웅장하고 위엄 있는 소리일 것입니다. 여러분 중에 음악하는 분, 특히 작곡하는 분이 계시면 상상력을 총동원해서 이날 울려 퍼질 나팔소리가 어떨지 작곡해 보시기 바랍니다. 잘하면 기가 막힌 작품이 될 것입니다.

예수님께서는 호령과 천사장의 소리와 하나님의 나팔 소리와 함께 공중으로 재림하십니다. 구원받은 성도들은 이 소리를 다 듣게 될 것입니다. 살아 있는 성도들도 듣고, 죽은 성도라 할지라도 이 소리를 듣고 부활하게 될 것입니다.

그렇다면 구원받지 못한 사람들에게는 이 소리가 들릴까요, 안 들릴까요? 제 생각에는 그들도 들을 수 있습니다. 왜냐하면 예수님께서 "나사로야 나오라!" 하셨을 때 주위에 있던 사람들이 다 들을 수 있었고, 요한계시록 11장의 두 증인에게 하신 "이리로 올라오라!" 하는 말씀도 다 들을 수 있었기 때문입니다. 예수님께서 침례 받으실 때 하늘로부터 "이는 내 사랑하는 아들이요, 내 기뻐하는 자라" 하는 말씀도 주위에 있던 사람들이 들을 수 있었고, 예수님께서 높은 산 위에서 변화되었을 때 하늘로부터 들려온 "이는 내 사랑하는 아들이니 너희는 그의 말을 들으라" 하는 말씀도 제자들이 들을 수 있었습니다. 그러므로 예수님의 호령과 나팔소리가 울려 퍼질 때 구원받은 사람들은 당연히 들을 것이고, 구원받지 못한 사람들도 듣게 될 것입니다. 믿는 사람들에게 들리는 이 아름다운 소리가 믿지 않는 사람들에게 들리지 말아야 할 이유가 없습니다. 그런데 중요한 것은 그들이 그 소리를 들어도 아무 소용이 없다는 것입니다. 그 소리가 오히려 그들에게는 저주의 소리로 들릴 것입니다. 그 소리와 함께 그들은 가슴을 치게 될 것입니다.

2. 성도들의 부활과 몸의 변화

성도들의 부활과 몸의 변화에 대해서 살펴보겠습니다.

데살로니가전서 4장 16b절을 보면 **"그리스도 안에서 죽은 자들이 먼저 일어나고"**라고 되어 있는데 이것은 교회시대, 신약시대 성도들의 부활을 말합니다. 구약시대 성도들은 언제 부활하는 줄 아십니까? 7년 대환난 직후에 부활합니다. 다니엘서 12장 11-13절을 보면 알 수 있습니다(제5강 참조).

'그리스도 안에서 죽은 자들' 즉 교회시대, 신약시대 성도들만 부활하게 되는데 그 수가 엄청날 것입니다. 예수님께서 지금 오신다 해도 이미 2,000년이 지났습니다. 2,000년 동안 얼마나 많은 그리스도인들이 죽었겠습니까! 그들이 일순간에 다 일어날 것을 상상해보시기 바랍니다. 어떤 사람은 죽어서 흙이 되고, 재가 되고, 연기가 되고, 물고기 밥이 되었습니다. 그러나 하나님은 하나님의 능력으로 그들을 살리실 것입니다.

그런데 궁금한 것이 있습니다. 어떻게 이런 일이 가능할까요? 이미 썩어서 흙이 되고, 재가 되고, 사라져 버렸는데 천지를 창조하신 하나님께는 그것이 아무런 문제가 되지 않습니다. 지금도 새로운 생명들을 계속 창조해내고 계시는 하나님이신데 죽은 사람 살리는 것이 문제이겠습니까! 그리고 알아야 할 것은 하나님은 이미 썩어서 없어진 그 재료들을 다시 모아서 부활시키는 것이 아니라는 것입니다. 어떤 원리로 부활시키시는지 고린도전서 15장 42-44절의 말씀을 보면 알 수 있습니다.

"죽은 자의 부활도 그와 같으니 썩을 것으로 심고 썩지 아니할 것으로 다시 살아나며 욕된 것으로 심고 영광스러운 것으로 다시 살아나며 약한 것으로 심고 강한 것으로 다시 살아나며 육의 몸으로 심고 신령한 몸으로 다시 살아나나니 육의 몸이 있은즉 또 영의 몸도 있느니라."

이 말씀을 보면 죽은 자의 부활을 '땅에 심은 씨앗에서 싹이 나오는 것'으로 비유하고 있습니다. 씨를 땅에 심으면 그 씨가 다시 나옵니까? 땅에 심은 씨는 썩고 그 씨에서 새로운 생명이 나오는데 전혀 다른 것이 나옵니다. 썩은 씨에서 싹이 나고 꽃이 핍니다. 전혀 씨의 흔적은 찾아볼 수 없습니다. 그럼에도 불구하고 그것은 분명히 그 씨앗에서 비롯된 것입니다.

성도들의 부활도 이런 원리라고 말씀하고 있습니다. 죽은 성도들의 뼈든지 살이든지, 흙이 된 이런 것들을 다시 모아서 부활시키는 것이 아닙니다. 썩어진 것은 그것으로 족합니다. 썩어 없어진 것에서 새로운 생명을 하나님께서 만들어내는 것입니다.

하나님은 우리를 상상도 할 수 없는 새로운 몸으로 부활시켜 주실 것입니다.

기독교인들은 전통적으로 부활에 대한 생각 때문에 매장을 선호해 왔습니다. 그런데 화장을 하건 매장을 하건 전혀 문제가 안 됩니다. 하나님께서는 썩어 없어지는 씨앗에서 새로운 생명이 나오게 하시는 것처럼 썩어 없어진 몸에서 새로운 생명으로 부활시켜 주실 것이기 때문입니다.

그러면 살아있는 성도들은 어떻게 될까요? 고린도전서 15장 50-52절입니다.

"형제들아 내가 이것을 말하노니 혈과 육은 하나님 나라를 이어 받을 수 없고 또한 썩는 것은 썩지 아니하는 것을 유업으로 받지 못하느니라 보라 내가 너희에게 비밀을 말하노니 우리가 다 잠 잘 것이 아니요 마지막 나팔에 순식간에 홀연히 다 변화되리니 나팔 소리가 나매 죽은 자들이 썩지 아니할 것으로 다시 살아나고 우리도 변화되리라."

예수님께서 나팔 소리와 함께 공중으로 재림하실 때 살아남은 자의 몸이 변화될 것을 말씀하고 있습니다. 휴거되기 위해서는 지금의 몸으로는 곤란합니다. 휴거되기 위해서는 우리 몸이 먼저 변화될 필요가 있습니다. 어떤 몸으로 변화되는 줄 아십니까? 부활하신 예수님의 몸처럼 변화됩니다.

빌립보서 3장 21절에 **"그는 만물을 자기에게 복종하게 하실**

수 있는 자의 역사로 우리의 낮은 몸을 자기 영광의 몸의 형체와 같이 변하게 하시리라" 말씀하고 있습니다. 요한일서 3장 2절에는 "사랑하는 자들아, 우리가 지금은 하나님의 자녀라. 장래에 어떻게 될지는 아직 나타나지 아니하였으나 그가 나타나시면 우리가 그와 같을 줄을 아는 것은 그의 참모습 그대로 볼 것이기 때문이니"라고 말씀하고 있습니다.

부활하신 예수님의 몸은 어떤 몸이었습니까? 자연법칙에 제한받지 않는 신기한 몸이었습니다. 늙지도 않고 죽지도 않는 몸이었습니다. 시공을 초월하는 몸이었습니다. 구체적으로 살펴보면, 부활하신 예수님은 제자들이 문을 닫고 있었는데도 그들 앞에 나타나셨습니다. 또 갑자기 사라질 수도 있었습니다. 엠마오로 가던 두 제자와 함께 음식을 나누시다가 갑자기 그들의 시야에서 사라지셨습니다. 또한 예수님께서 허락해주시지 않으면 사람들이 알아보지 못하는 몸을 가지고 계셨습니다. 엠마오로 가던 두 제자는 예수님과 계속 말을 하면서도 예수님을 알아보지 못했습니다. 막달라 마리아도 부활하신 예수님을 처음 만났을 때 알아보지 못했습니다. 나중에야 알아보았습니다. 또 예수님의 몸은 중력도 무시하는 몸이었습니다. 예수님께서 어떻게 하늘로 올라가셨습니까? 몸이 떠서 공중으로 올라가셨다고 성경은 말씀하고 있습니다.

그러면서도 예수님의 몸은 실제적인 몸이었습니다. 부활하신 예수님을 유령이나 투명인간 같은 것으로 연상하면 안 됩니다.

예수님의 몸은 만질 수 있는 몸이었습니다. 음식도 드실 수 있는 몸이었습니다. 그러면서도 자연의 법칙을 초월할 수 있는 신기한 몸이었습니다. 저와 여러분의 몸도 그렇게 변화될 것입니다.

이런 몸을 가지면 늙지도 않습니다. 죽지도 않습니다. 병들지도 않습니다. 공중으로 올라갈 수도 있고, 주님과 영원히 살 수도 있습니다.

지금 병으로 고생하는 분, 늙는 것을 두려워하는 분이 계십니까? 머지않아 하나님께서 여러분의 몸을 늙지도 않고, 죽지도 않는 몸으로 만들어 주실 것입니다. 그날을 사모하며 삽시다.

3. 성도들의 공중 들림

끝으로 성도들이 휴거되는 것을 살펴보겠습니다.

데살로니가전서 4장 17절입니다.

"그 후에 우리 살아남은 자들도 그들과 함께 구름 속으로 끌어 올려 공중에서 주를 영접하게 하시리니 그리하여 우리가 항상 주와 함께 있으리라."

이 말씀은 성도들의 몸이 공중으로 들림 받는 '휴거'를 말씀하고 있습니다. 휴거될 것을 생각하면 신나지 않습니까? 저는 상상만 해도 신이 납니다. 이 땅에서의 모든 수고와 슬픔, 고통과 눈물에서 벗어나는 순간이기 때문입니다. 먼저 간 가족들과 성도들을 만날 것이기 때문입니다. 무엇보다도 우리 주님을 만날 것이기 때문입니다.

성경에는 휴거되는 광경에 대해 자세히 나와 있지 않기 때문에 여러 가지 궁금증이 생깁니다. 어떻게 이 상황이 전개될지 굉장히 궁금합니다. 특별히 더 궁금한 것은 이 땅에 남을 사람들이 성도의 휴거 장면을 목격할 수 있는가 하는 것입니다. 휴거에 관한 영화를 보면 어떤 것은 볼 수 있는 것으로 처리하고, 어떤 것은 볼 수 없는 것으로 처리하고 있습니다. 볼 수 없는 것으로 처리한 것이 더 많은 것 같습니다. 작업하기가 어려워서 그런 것이 아닌가 생각됩니다.

제 생각에는 이 땅에 남을 사람들이 성도가 휴거되는 장면을 볼 수 있습니다. 왜 그렇게 생각하는가 하면 예수님께서 공중으로 올라가실 때 사람들이 볼 수 있었기 때문입니다. 요한계시록 11장에서 두 증인이 구름을 타고 올라가는 것도 사람들이 볼 수 있었습니다. 엘리야가 불병거와 불말을 타고 하늘로 올라갈 때도 엘리사가 볼 수 있었습니다. 이런 것을 종합해 보면 성도가 휴거되는 것도 땅에 남을 사람들이 당연히 볼 수 있을 것입니다.

볼 수 없을 것이라고 생각하는 사람들도 있는데 그들은 휴거가 '순식간에 홀연히' 일어날 사건으로 생각하기 때문입니다. 그런데 성경을 잘 보면 '순식간에 홀연히' 일어날 일은 들림 받는 것이 아니라 몸이 변화되는 것입니다.

"보라 내가 너희에게 비밀을 말하노니 우리가 다 잠 잘 것

이 아니요 마지막 나팔에 순식간에 홀연히 다 변화되리니"(고전 15:51).

'순식간에 홀연히' 올라가는 것이 아니라 순식간에 홀연히 '변화' 됩니다. 공중으로 올라가는 것도 서서히 올라갈 것 같지는 않습니다. 어느 정도 빠른 속도로 올라갈 것입니다. 그렇다 해도 땅에 남은 사람들이 볼 수 있을 것입니다.

성도의 휴거처럼 영광스러운 일이 비밀리에 일어나야 할 이유가 없습니다. 하나님께서 그 일을 비밀리에 하실 리가 없습니다.

중요한 것은 휴거되는 장면을 사람들이 볼 수 있느냐 없느냐가 아니라, 내 자신이 들림 받는 사람들 속에 포함되느냐 이 땅에 남을 사람들 속에 포함되느냐 하는 것입니다.

여러분은 어느 쪽에 포함될 것 같습니까? 공중으로 들림 받는 사람들 속에 포함될 것 같습니까, 아니면 이 땅에 남을 사람들 속에 포함될 것 같습니까?

예수님께서 공중으로 재림하시고 휴거가 일어날 때 공중으로 들림 받을 수 있기를 간절히 바랍니다.

지금까지 그리스도의 공중 재림과 그와 함께 일어날 휴거에 대해서 알아보았습니다. 그날은 구원받은 성도들에게 최고의 날이 될 것입니다. 먼저 간 사랑하는 사람들도 만나고 우리를 구원해주신 예수님도 만나게 될 것입니다. 그러니 얼마나 기쁜 날입니까!

그러나 반대로 예수님을 믿지 않는 사람들에게는 그날이 저
주의 날이 될 것입니다. 휴거가 일어날 때 이 땅에 있을 수많은
사고들을 생각해보기 바랍니다. 구원받은 성도가 운전하는 차,
비행기, 열차들이 어떻게 되겠습니까? 운전자가 갑자기 사라졌
으니 부딪치고, 떨어지고… 엄청난 사고가 일어날 것입니다. 믿
지 않는 사람들은 그 재난 속에서 두려워하며 공포 속에서 떨게
될 것입니다. 그리고 그때로부터 무서운 7년 대환난이 이 땅에
서 일어나게 됩니다. 이 환난은 이전에도 없었고 이후에도 없을
정말 무서운 환난입니다(제3강 참조).

7년 대환난에 들어가지 아니하고, 예수님께서 공중으로 재림
하실 때 들림 받으려면 예수님을 믿고 구원받아야 합니다. 아직
예수님을 믿지 않고 계시다면 예수님을 자신의 구주로 영접하
여 구원받고, 예수님께서 다시 오시는 날 구원받은 성도들과 함
께 공중으로 들림 받으시기를 바랍니다.

제2강
공중에서 있게 될 일 두 가지

고린도후서 5:9-10

"그런즉 우리는 몸으로 있든지 떠나든지 주를 기쁘시게 하는 자가 되기를 힘쓰노라 이는 우리가 다 반드시 그리스도의 심판대 앞에 나타나게 되어 각각 선악 간에 그 몸으로 행한 것을 따라 받으려 함이라."

요한계시록 19:7-9a

"우리가 즐거워하고 크게 기뻐하며 그에게 영광을 돌리세 어린 양의 혼인 기약이 이르렀고 그의 아내가 자신을 준비하였으므로 그에게 빛나고 깨끗한 세마포 옷을 입도록 허락하셨으니 이 세마포 옷은 성도들의 옳은 행실이로다 하더라 천사가 내게 말하기를 기록하라 어린 양의 혼인 잔치에 청함을 받은 자들은 복이 있도다."

성경을 보면 본격적인 종말은 그리스도의 공중 재림과 성도들의 공중 들림, 즉 휴거로 시작됩니다. 휴거가 일어나면 이 땅에서는 무서운 '7년 대환난'이 시작됩니다. 그 환난은 전에도 없었고 앞으로도 없을 대환난입니다. 7년 대환난에 대해서는 다음 시간에 살펴보기로 하고, 이 시간에는 휴거된 성도들이 공중에서 어떤 일들을 경험하게 되는지에 대해 말씀드리기 원합니다.

구원받은 성도들이 공중으로 들림 받아 주님을 만나면 두 가지 일을 경험하게 됩니다. 하나는 믿는 사람들에 대한 예수 그리스도의 심판이고, 다른 하나는 예수 그리스도와 교회가 결혼을 하는 어린 양의 혼인잔치입니다.

1. 믿는 자의 심판

먼저, 믿는 자의 심판에 대해서 알아보겠습니다. 믿는 자의 심판에 대해서는 성경 곳곳에서 말씀하고 있습니다. 특별히 고린도후서 5장 9-10절이 잘 말씀해주고 있습니다.

"그런즉 우리는 몸으로 있든지 떠나든지 주를 기쁘시게 하는 자가 되기를 힘쓰노라 이는 우리가 다 반드시 그리스도의 심판 대 앞에 나타나게 되어 각각 선악 간에 그 몸으로 행한 것을 따라 받으려 함이라."

여기서 말하는 심판은 믿지 않는 자들에 대한 심판이 아니라 믿는 자들에 대한 심판입니다. 믿지 않는 자들에 대한 심판은 요한계시록 20장 11-15절에 나와 있습니다. 믿지 않는 자들에 대한 심판은 '흰 보좌 심판'이라고 하는데 이것은 천년왕국이 끝난 뒤에 있게 됩니다. 이 심판을 거쳐서 믿지 않는 자들은 영원한 불못에 던져지게 됩니다(제7강 참조).

고린도후서 5장 9-10절의 심판은 믿지 않는 자들에 대한 심판이 아니라 믿는 자들에 대한 심판입니다. 예수님을 믿고 구원받았다고 해서, 예수님이 공중으로 재림하실 때 휴거될 것이라고 해서 아무렇게나 살아서는 안 됩니다. 언젠가 예수님께서 우리를 심판하실 것이기 때문입니다.

로마서 14장 10-12절도 보겠습니다.

"네가 어찌하여 네 형제를 비판하느냐 어찌하여 네 형제를

업신여기느냐 우리가 다 하나님의 심판대 앞에 서리라 기록되었으되 주께서 이르시되 내가 살았노니 모든 무릎이 내게 꿇을 것이요 모든 혀가 하나님께 자백하리라 하였느니라 이러므로 우리 각 사람이 자기 일을 하나님께 직고하리라."

이 말씀도 하나님의 심판을 말씀하고 있습니다. 고린도후서 5장 10절에서는 '그리스도의 심판대' 라고 했고, 로마서 14장 10절에서는 '하나님의 심판대' 라고 했는데 결국은 같은 심판대라고 생각됩니다.

구체적으로 언제 이와 같은 심판이 있을까요?

고린도후서 5장과 로마서 14장에는 시기에 대해 나와 있지 않지만 다른 성경 구절에는 나와 있습니다. 누가복음 14장 13-14절입니다.

"잔치를 베풀거든 차라리 가난한 자들과 몸 불편한 자들과 저는 자들과 맹인들을 청하라 그리하면 그들이 갚을 것이 없으므로 네게 복이 되리니 이는 의인들의 부활 시에 네가 갚음을 받겠음이라."

주님은 우리가 한 선한 행동에 대해서 '의인들의 부활 시에' 갚아주시겠다고 말씀하고 있습니다. 의인들이 부활하는 시점은 대상에 따라 다르지만 그리스도 안에서 죽은 자들, 즉 신약시대의 성도들은 예수님께서 공중에 재림하실 때 부활하게 됩니다. 이런 말씀들을 통하여 믿는 자들에 대한 심판은 공중에 들림 받아 주님과 함께 있을 때 있을 것을 알 수 있습니다.

요한계시록 22장 12절에는 **"보라 내가 속히 오리니 내가 줄 상이 내게 있어 각 사람에게 그가 행한 대로 갚아 주리라"**는 말씀이 있습니다. 속히 오실 것을 말씀하면서 '각 사람에게 그가 행한 대로' 갚아 주겠다고 말씀하고 있습니다. 이런 말씀들을 통하여 믿는 자들에 대한 '그리스도의 심판대' 심판은 휴거된 후 공중에서 있을 것을 알 수 있습니다.

이 심판의 결과는 무엇일까요?

이 심판은 천국과 지옥을 결정하는 심판이 아닙니다. 공중으로 들림 받은 성도들은 이미 구원받은 사람들입니다. 그러므로 이 심판을 받고 지옥 가는 일은 절대로 없습니다. 이 심판의 결과는 잘한 사람들에게는 칭찬과 상을 주시는 것이고, 잘못한 사람들에게는 책망과 상을 받지 못하는 손해를 당하게 하시는 것입니다. 고린도전서 3장 12-15절을 보겠습니다.

"만일 누구든지 금이나 은이나 보석이나 나무나 풀이나 짚으로 이 터 위에 세우면 각 사람의 공적이 나타날 터인데 그 날이 공적을 밝히리니 이는 불로 나타내고 그 불이 각 사람의 공적이 어떠한 것을 시험할 것임이라 만일 누구든지 그 위에 세운 공적이 그대로 있으면 상을 받고 누구든지 그 공적이 불타면 해를 받으리니 그러나 자신은 구원을 받되 불 가운데서 받은 것 같으리라."

이 말씀은 믿는 사람들의 신앙생활을 건축에 비유하고 있습니다. 건축의 결과를 시험하시겠다고 말씀하고 있는데 '그 날이 공적을 밝힌다'고 했습니다(13절). '그 날'은 예수님께서 믿는 자들을 심판하시는 날입니다. 그리고 '불'로 심판하신다고 했는데 여기서의 불은 실제적인 불이 아니라 상징적인 불입니다. 금, 은, 보석, 나무, 풀, 짚이 상징적인 재료인 것처럼 불도 상징적인 불입니다. 심판의 결과에 따라 어떤 사람들은 '상'을 받고, 어떤 사람들은 '해'를 받는다고 했습니다. 여기서 말하는 해는 구원을 잃어버리는 것이 아닙니다. '구원을 받되 불 가운데서 받은 것 같다'(15절)는 말씀의 의미는 구원만 겨우 받는 것을 뜻합니다. 집에 불이 났을 때 겨우 목숨만 건지는 경우처럼 이 말씀은 그와 비슷한 상황을 말씀하는 것입니다. 즉 구원을 받기는 받지만 받을 상은 없다는 것입니다. 그러니까 '해를 받는다'는 것은 상을 받지 못하는 손해를 입는다는 것입니다. 예수님을 잘 믿고 신앙생활을 잘하면 주님께로부터 칭찬과 상을 받지만, 게으르고 나태하고 잘못하면 주님께로부터 책망을 받고 상을 받지 못하는 손해를 입게 됩니다.

그 날의 전체적인 분위기는 어떨까요? 기쁨과 후회 그리고 아쉬움이 교차하는 분위기일 것입니다. 졸업식 분위기를 생각하면 이해가 쉬울 것입니다. 졸업식을 할 때 마음이 어떻습니까? 모든 과정을 끝냈다는 기쁨과 새로운 세계로 나간다는 기대감이 있습니다. 그러나 또 한편으로는 아쉬움과 후회가 있습니다. "조금만 더 열심히 했더라면 내가 저 상을 받는 건데…." 하는 아쉬움과 후회 같은 것 말입니다. 그래서 그 날의 분위기는 졸업식의 분위기와 비슷할 것입니다. 어떤 사람들은 주님께로부터 상을 받지 못하고 책망을 듣게 될 것입니다. 그러나 전반적인 분위기는 결코 슬픈 분위기가 아닙니다. 비록 상을 받지 못하고 책망을 듣는다 할지라도 지금 이 자리에 와 있다는 사실 하나만으로도 큰 기쁨이 될 것이기 때문입니다. 수치와 부끄러움도 있겠지만 그런 것은 일시적인 것이고, 전반적인 분위기는 역시 구원의 기쁨과 주님을 만나고 있다는 즐거움이 지배적일 것입니다.

이왕 신앙생활을 할 바에는 상을 목표로 해서 열심히 해야 하지 않겠습니까? 책망과 부끄러움을 당하고, 상도 받지 못하고 한 구석에서 남들이 상 받을 때 박수나 쳐야 한다면 얼마나 안타까운 일입니까!

어떻게 하면 상을 받을 수 있을까요?

성경을 보면 상은 면류관으로 받게 되는데 다섯 가지를 잘해야 받을 수 있습니다.

첫째, 주님을 위해 모든 것을 절제하며 최선을 다해 신앙생활해야 합니다.

고린도전서 9장 24-25절을 보겠습니다.

"운동장에서 달음질하는 자들이 다 달릴지라도 오직 상을 받는 사람은 한 사람인 줄을 너희가 알지 못하느냐 너희도 상을 받도록 이와 같이 달음질하라 이기기를 다투는 자마다 모든 일에 절제하나니 그들은 썩을 승리자의 관을 얻고자 하되 우리는 썩지 아니할 것을 얻고자 하노라."

이 말씀이 기록될 당시에는 경기에서 이기면 월계관을 받았습니다. 썩어 없어질 그 상을 얻기 위해서도 사람들은 얼마나 많은 절제를 하고 훈련을 받았는지 모릅니다. 하물며 그리스도인들은 하나님께서 주실 썩지 아니할 상을 받기 위해 얼마나 더 많은 절제와 훈련을 해야 하겠습니까! 신앙생활을 하다 보면 유혹을 받을 때도 있고, 포기하고 싶을 때도 있고, 게으름을 피우고 싶을 때도 있습니다. 그러나 우리는 절제해야 합니다. 절제하고 최선을 다해 신앙생활하다 보면 언젠가 우리가 천국에 이르렀을 때 주님께서 우리에게 "잘했다" 칭찬하시고 썩지 아니할 면류관을 주실 것입니다.

둘째, 영혼들을 주님께로 인도해야 합니다.
데살로니가전서 2장 19-20절입니다.
"우리의 소망이나 기쁨이나 자랑의 면류관이 무엇이냐 그가 강림하실 때 우리 주 예수 앞에 너희가 아니냐 너희는 우리의 영광이요 기쁨이니라."
이 말씀은 '자랑의 면류관' 에 대해서 말씀하고 있습니다. 사람들을 전도해서 천국가게 하면 그들이 결국 그들을 전도한 사람들의 면류관이 될 것이라는 말씀입니다. 영혼들을 주님께로 많이 인도하면 천국에 갔을 때 '자랑의 면류관'을 받아쓰게 될 것입니다.

셋째, 예수님의 재림을 고대하며 끝까지 신앙생활을 잘해야 합니다.

디모데후서 4장 7-8절을 보겠습니다.

"나는 선한 싸움을 싸우고 나의 달려갈 길을 마치고 믿음을 지켰으니 이제 후로는 나를 위하여 의의 면류관이 예비되었으므로 주 곧 의로우신 재판장이 그 날에 내게 주실 것이며 내게만 아니라 주의 나타나심을 사모하는 모든 자에게도니라."

주의 재림을 사모하면서 끝까지 신앙생활 잘한 사람들에게는 '의의 면류관'을 주실 것을 말씀하고 있습니다. 지금 여러분은 주님의 재림을 사모하며 살고 계십니까? 신앙생활을 잘하고 있습니까? 만일 그렇다면 여러분은 그 날에 '의의 면류관'을 받게 될 것입니다.

넷째, 고난이 와도 참고 이겨내야 합니다.

야고보서 1장 12절입니다.

"시험을 참는 자는 복이 있나니 이는 시련을 견디어낸 자가 주께서 자기를 사랑하는 자들에게 약속하신 생명의 면류관을

얻을 것이기 때문이라."

시험을 참고 이겨낸 사람들, 뜨겁게 주님을 사랑한 사람들에게는 '생명의 면류관'을 주실 것을 말씀하고 있습니다. 같은 내용의 말씀이 요한계시록 2장 10절에도 있습니다.

"너는 장차 받을 고난을 두려워하지 말라 볼지어다 마귀가 장차 너희 가운데에서 몇 사람을 옥에 던져 시험을 받게 하리니 너희가 십 일 동안 환난을 받으리라 네가 죽도록 충성하라 그리하면 내가 생명의 관을 네게 주리라."

이 말씀도 고난을 이야기하면서 죽도록 충성할 것을 말씀하고 있습니다. 그러면 야고보서 1장 12절에서 말씀하신 것과 같은 '생명의 면류관'을 주시겠다고 했습니다.

여러분의 삶 가운데 예수님 믿는 것 때문에 고난이 있을지 모르겠습니다. 참고 이겨내시기 바랍니다. 또 예수님 때문은 아닐지라도 삶 가운데 고난이 있을 때, 주님을 의지하면서 더 신앙생활 잘하시기 바랍니다. 그런 사람들에게도 주님께서 '생명의 면류관'을 주실 것입니다.

다섯째, 맡겨주신 영혼들을 사랑하고 잘 돌보아야 합니다.

베드로전서 5장 1-4절을 보겠습니다.

"너희 중 장로들에게 권하노니 나는 함께 장로 된 자요 그리스도의 고난의 증인이요 나타날 영광에 참여할 자니라 너희 중에 있는 하나님의 양 무리를 치되 억지로 하지 말고 하나님의 뜻

을 따라 자원함으로 하며 더러운 이득을 위하여 하지 말고 기꺼이 하며 맡은 자들에게 주장하는 자세를 하지 말고 양 무리의 본이 되라 그리하면 목자장이 나타나실 때에 시들지 아니하는 영광의 관을 얻으리라."

이 말씀은 목회자들에게 주시는 말씀입니다. 목회를 잘하면 '영광의 관'을 주시겠다고 말씀하고 있습니다. 이 말씀이 목사들에게만 해당되는 것은 아닐 것입니다. 목자의 심장을 가지고 최선을 다해 영혼들을 돌본 주일학교 교사들, 구역장들 그리고 영혼을 사랑하여 최선을 다해 돌본 모든 분들에게 이 면류관을 주실 것을 믿습니다.

여러분이 돌봐야 하는 영혼들을 최선을 다해 돌보시기 바랍니다. 때로는 피곤할 것입니다. 힘들 것입니다. 그래도 최선을 다해 사랑하고 돌보다 보면 하나님께서 귀한 면류관으로 갚아주실 것입니다.

지금까지 살펴본 면류관들은 상징적인 면류관이 아닙니다. 실제적인 면류관들입니다. 눈으로 볼 수 있고, 손으로 만질 수 있고, 머리에 쓸 수 있는 면류관입니다.

요한계시록 4장 4절에 보면 이십사 장로들이 나옵니다. 이 이십사 장로들은 믿는 자들을 대표하는 사람들이라고 생각되는데 이들이 "머리에 금관(금 면류관)을 쓰고 앉았더라"고 말씀하고 있습니다. 그러므로 성경에서 말하는 면류관은 실제적으로 머리에 쓰는 면류관인 것을 알 수 있습니다. 요한계시록 4장 10절에는 그 면류관을 벗어서 보좌 앞에 드렸다고 했습니다. 이것은 하나님께 모든 영광을 돌려드리기 위한 행동입니다. 이와 같은 면류관을 우리도 주님께로부터 받아쓰게 될 것입니다.

이런 면류관을 써보고 싶지 않습니까? 저는 무척 쓰고 싶습니다. 영국 여왕이 쓰는 왕관도 멋지지만 우리가 받게 될 면류관에 비하면 그것은 아무것도 아닙니다. 신앙생활 잘해서 주님 만났을 때 칭찬받고 귀한 면류관 받아쓰는 우리 모두가 됩시다.

2. 어린 양의 혼인잔치

두 번째로 공중에서 있게 될 일은 '어린 양의 혼인잔치' 입니다.

요한계시록 19장 7-9a절입니다.

"우리가 즐거워하고 크게 기뻐하며 그에게 영광을 돌리세 어린 양의 혼인 기약이 이르렀고 그의 아내가 자신을 준비하였으므로 그에게 빛나고 깨끗한 세마포 옷을 입도록 허락하셨으니 이 세마포 옷은 성도들의 옳은 행실이로다 하더라 천사가 내게 말하기를 기록하라 어린 양의 혼인잔치에 청함을 받은 자들은 복이 있도다."

이 말씀에 '어린 양의 혼인잔치' 라는 말이 나옵니다. 이 잔치는 공중에 들림 받은 교회와 그리스도의 혼인잔치입니다. 이 잔치는 예수 그리스도의 지상 재림이 있기 바로 전에 일어납니다. 어떻게 알 수 있는가 하면 이 말씀 바로 앞 6절 하반절에 "이르되 할렐루야 주 우리 하나님 곧 전능하신 이가 통치하시도다"라는 말씀이 있는데, 이 말씀을 통하여 우리는 천년왕국이 임박한 것을 알 수 있습니다. 그리고 혼인잔치에 대한 말씀이 있고 난 뒤에 예수 그리스도께서 지상으로 재림하시는 말씀이 기록되어 있는 것을 볼 때 이 잔치는 성도들이 그리스도의 심판대 앞에서 심판을 받고, 예수님과 함께 지상으로 내려오기 전에 있는 것임을 알 수 있습니다.

성경에서는 그리스도와 교회와의 관계를 신랑과 신부, 남편과 아내의 관계로 설명합니다(고후 11:2, 엡 5:25-27, 31-32). 그런데 아직 정식으로 혼인예식을 올리지는 않았습니다. 물론 우리가 마음으로는 이미 '그리스도의 신부'라고 생각하면서 살아가지만 실제로 혼인예식을 치른 적은 없습니다. 신랑과 신부, 남편과 아내이면 당연히 식을 치러야 하는 것 아니겠습니까? 그 식이 언제 있는가 하면 공중에서 있게 됩니다. 그리고 그 식을 올린 후부터는 영원히 주님과 함께 있게 됩니다. 지금 주님은 천국에서, 우리는 이 땅에서 따로 살아가고 있지만 이 날 혼인예식을 올림으로 우리는 영원히 주님과 함께 살게 될 것입니다. 그 날을 사모하며 살아가는 우리가 됩시다.

그 날을 생각하면 우리가 어떠한 삶을 살아야 할지 자명해집니다. 그리스도의 신부로서 깨끗하고 거룩한 삶을 살아야 합니다. 결혼식을 바라보는 신부가 어떻게 살아갑니까? 깨끗하게 자신을 관리하면서 신랑만 생각하고 살지 않습니까? 그러므로 우리도 그리스도의 신부인 것을 생각하면서 하나님 보시기에 거룩하고 깨끗한 삶을 살아야 합니다. 거룩하고 깨끗한 삶이란 교리적으로도 깨끗하고, 생활적으로도 깨끗한 것을 뜻합니다. 주님 보시기에 책망할 것이 없는 신부로 살아갑시다.

우리가 입게 될 옷은 '빛나고 깨끗한 세마포 옷'이라고 말씀합니다(8절). 그런데 이 옷은 진짜 옷이 아닙니다. 상징적인 표현입니다. 그 뒤 말씀을 읽어보면 알 수 있습니다.

"이 세마포 옷은 성도들의 옳은 행실이로다"(계 19:8b).

그러므로 우리는 그 날을 대비하면서 옳은 행실을 하며 살아야 합니다.

그러면 실제로는 어떤 옷을 입을까요? 궁금하지 않습니까?
요한계시록 3장 5절을 보면 알 수 있습니다.

"이기는 자는 이와 같이 흰 옷을 입을 것이요 내가 그 이름을 생명책에서 결코 지우지 아니하고 그 이름을 내 아버지 앞과 그의 천사들 앞에서 시인하리라."

'흰 옷을 입을 것'이라고 말씀합니다. 요한계시록 4장 4절을 보면 이십사 장로들 역시 흰 옷을 입고 있는 것을 볼 수 있습니다. 그러므로 우리가 공중으로 올라가 주님을 만날 때는 흰 옷을 입게 될 것입니다. 언젠가 주님께서 공중에 임하시고 재림 나팔 소리가 우리의 귓전에 울릴 때 우리의 몸도 변화될 것이고 우리의 복장도 변화될 것입니다. 우리는 새 옷을 입고 하늘로 올라가게 될 것입니다.

마가복음 9장에는 예수님께서 사랑하는 몇 제자를 데리고 높은 산에 올라가신 이야기가 기록되어 있습니다. 그 산 위에서 예수님은 자신의 영광을 나타내 보여주셨습니다. 얼굴에 광채가 나고 옷이 변했는데 **"그 옷이 광채가 나며 세상에서 빨래하는 자가 그렇게 희게 할 수 없을 만큼 매우 희어졌더라"**(막 9:3)고 했습니다. 공중에서 주님을 만날 때 입게 될 옷은 상상도 할 수 없을 만큼 흰 옷이 될 것입니다.

이 날이 기다려지지 않습니까? 구원받은 성도들은 언젠가 이 흰 옷을 입고 주님 앞에 서게 될 것입니다. 그 날을 고대하면서 하나님 보시기에 거룩하고 깨끗한 삶을 살아갑시다.

지금까지 '공중에서 있게 될 일 두 가지'에 대해서 말씀드렸습니다. 믿는 자들에 대한 그리스도의 심판이 먼저 있고, 그 다음에 교회와 그리스도가 혼인을 하는 혼인잔치가 있을 것을 말씀드렸습니다. 혼인잔치가 있고 나서 교회와 그리스도는 이 땅으로 내려오게 됩니다. 이 땅에서 천 년 동안의 허니문 기간을 보낸 뒤 천국으로 들어가 영원히 살게 됩니다.

지금까지 말씀드린 내용은 그렇게 먼 훗날의 이야기가 아닙니다. 세상 되어가는 것을 볼 때 주님께서 다시 오실 날이 임박했습니다. 주님께서 다시 오실 그날을 고대하면서 주님 보시기에 합당한 삶을 살아가는 우리가 됩시다.

제3강
7년 대환난

마태복음 24:21

"이는 그 때에 큰 환난이 있겠음이라 창세로부터 지금까지 이런 환난이 없었고 후에도 없으리라."

예수님께서 공중에 재림하시고 성도들이 공중으로 들림 받으면 이 땅에서는 7년 대환난이 시작됩니다. 이 환난은 전에도 없었고 앞으로도 없을 정말 무서운 환난이라고 마태복음 24장 21절은 말씀합니다.

"창세로부터 지금까지 이런 환난이 없었고 후에도 없으리라."

이 땅에 있는 모든 사람은 이 환난을 통과해야 합니다. 이 환난을 일컬어서 '7년 대환난'이라고 하는데, 이는 환난의 기간이 7년이기 때문입니다. 환난의 기간이 7년인 것은 다니엘서 9장 27절을 통해 알 수 있습니다.

"그가 장차 많은 사람들과 더불어 한 이레 동안의 언약을 굳게 맺고 그가 그 이레의 절반에 제사와 예물을 금지할 것이며 또 포악하여 가증한 것이 날개를 의지하여 설 것이며 또 이미 정한 종말까지 진노가 황폐하게 하는 자에게 쏟아지리라 하였느니라."

이 말씀은 7년 환난기간 중에 등장하게 될 적(敵, Anti)그리스도에 대한 말씀입니다. 적그리스도가 나타나 어떤 일을 할 것인가에 대해 말하면서 적그리스도가 통치할 기간이 '한 이레'라고 말합니다. 한 이레는 7년을 뜻합니다.

적그리스도가 등장해 많은 사람과 더불어 언약을 굳게 정한다고 했습니다. 평화를 약속하고 좋은 정치를 하겠다는 말을 함으로 많은 사람으로 하여금 자신을 따르게 할 것입니다. 처음에는 그럴 듯한 좋은 지도자의 모습으로 나타납니다. 그런데 "그가 그 이레의 절반에 제사와 예물을 금지할 것이며 또 포악하여 가증한 것이 날개를 의지하여 설 것"이라고 했습니다. 처음에는 이 사람이 이스라엘 사람들로 하여금 하나님을 경외하도록, 제사도 드릴 수 있도록 다 배려해주는 것처럼 합니다. 그러다가 3년 반이 지난 중간에 그 모든 것을 못하게 합니다. 그리고 성전에 자기의 우상을 만들어 놓고 사람들로 하여금 자기를 숭배하게 하면서 자신이 마치 하나님인양 군림하기 시작합니다.

이 말씀을 통해서 우리는 대환난의 기간이 7년인 것을 알 수 있습니다. 7년 대환난 기간은 크게 둘로 나누어집니다. 전반부 3년 반과 후반부 3년 반입니다. 7년 기간에 대해 언급하는 곳은 다니엘서 9장 27절밖에 없습니다. 성경 다른 곳에서는 이 기간의 절반에 해당되는 기간을 '한 때와 두 때와 반 때'로 표현하기도 합니다(단 7:25, 12:7, 계 12:14). 한 때와 두 때와 반 때는 3년 반을 의미합니다. 또 3년 반을 달수로 환산해서 42달로 표현하기도 하고, 일수로 환산해서 1,260일로 표현하기도 합니다(계 11:2-3, 12:6, 13:5). 성경은 특히 후반 3년 반에 대해서 비중 있게 취급하는데, 그 이유는 후반 3년 반 동안에 적그리스도의 활동이 더 적극적이 될 것이고 하나님의 진노도 더 심해질 것이기 때문입니다.

7년 대환난 기간에 어떤 일이 있을 것인지 성경을 통해 알아보도록 하겠습니다. 한 마디로 상상할 수 없는 끔찍한 일들이 이 세상에서 일어나게 됩니다. 7년 대환난은 하나님의 심판의 기간이요, 하나님께서 진노를 이 땅에 쏟아 부으시는 기간이기 때문입니다. 자세한 내용은 요한계시록에 기록되어 있는데 요한계시록에는 '일곱 인', '일곱 나팔', '일곱 대접'의 심판으로 설명되어 있습니다.

1. 일곱 인의 심판

먼저 일곱 인의 심판부터 살펴보겠습니다. 요한계시록 6장 1-2절입니다.

"내가 보매 어린 양이 일곱 인 중의 하나를 떼시는데 그 때에 내가 들으니 네 생물 중의 하나가 우렛소리 같이 말하되 오라 하기로 이에 내가 보니 흰 말이 있는데 그 탄 자가 활을 가졌고 면류관을 받고 나아가서 이기고 또 이기려고 하더라."

첫째 인을 떼니 '흰 말'과 '그 말을 탄 자'가 나타나는 것을 볼 수 있습니다. 흰 말과 그 탄 자는 적그리스도와 적그리스도가 약속하는 거짓 평화를 의미합니다. 휴거가 일어나면 이 세상은 극심한 혼란에 빠질 것이고, 세상은 능력 있는 지도자를 필요로 할 것입니다. 그때 혜성과 같이 나타나는 사람이 바로 적그리스도입니다. 그는 "나만 따르면 안전하게 잘 살 수 있다"고 하면서 사람들을 현혹할 것입니다. 다니엘서 9장 27절을 보면 "그가 장차 많은 사람들과 더불어 한 이레 동안의 언약을 굳게 맺고"라고 말씀하고 있습니다. '언약'은 약속을 말하는데 어떤 약속이겠습니까? 평화에 대한 약속입니다. 물론 참된 평화가 아닌 거짓 평화입니다.

둘째 인을 보겠습니다. 요한계시록 6장 3-4절입니다.

"둘째 인을 떼실 때에 내가 들으니 둘째 생물이 말하되 오라 하니 이에 다른 붉은 말이 나오더라 그 탄 자가 허락을 받아 땅에서 화평을 제하여 버리며 서로 죽이게 하고 또 큰 칼을 받았더라."

둘째 인을 떼니 '붉은 말'이 등장합니다. 붉은 말은 전쟁을 상징합니다. 적그리스도가 약속했던 평화는 오래가지 못합니다. 세상 곳곳에서 전쟁이 일어납니다. 마태복음 24장 7절을 보면 **"민족이 민족을, 나라가 나라를 대적하여 일어나겠고 곳곳에 기근과 지진이 있으리니"**라고 되어 있는데 7년 대환난 기간 중에는 세계 곳곳에서 전쟁이 일어날 것입니다.

셋째 인은 요한계시록 6장 5-6절에 나옵니다.

"셋째 인을 떼실 때에 내가 들으니 셋째 생물이 말하되 오라 하기로 내가 보니 검은 말이 나오는데 그 탄 자가 손에 저울을 가졌더라 내가 네 생물 사이로부터 나는 듯한 음성을 들으니 이르되 한 데나리온에 밀 한 되요 한 데나리온에 보리 석 되로다

또 감람유와 포도주는 해치지 말라 하더라."

셋째 인을 떼었을 때 나타난 말은 '검은 말' 입니다. 검은 말이 상징하는 것은 기근입니다. 심각한 식량난이 있을 것을 말씀하는 내용입니다. 마태복음 24장 7절에는 곳곳에 기근이 있겠다고 말씀하고 있는데 7년 대환난 기간 중에는 세계 곳곳에 기근이 있고 사람들은 큰 식량난을 겪게 될 것입니다. 그리고 그 틈을 이용해서 적그리스도는 세계 경제를 장악하게 될 것입니다. 요한계시록 13장 16-17절을 보면 사람들이 오른손이나 이마에 표를 받지 아니하면 매매를 할 수 없다고 말씀하고 있습니다. 사람들은 먹을 것을 사기 위해서라도 적그리스도의 말을 들을 수밖에 없습니다.

넷째 인을 보겠습니다. 요한계시록 6장 7-8절입니다.

"넷째 인을 떼실 때에 내가 넷째 생물의 음성을 들으니 말하되 오라 하기로 내가 보매 청황색 말이 나오는데 그 탄 자의 이름은 사망이니 음부가 그 뒤를 따르더라 그들이 땅 사분의 일의 권세를 얻어 검과 흉년과 사망과 땅의 짐승들로써 죽이더라."

네 번째로 등장한 '청황색 말' 이 상징하는 것은 사망입니다. 이미 말씀드린 전쟁과 기근을 통해 수많은 사람이 죽게 됩니다. 그 외에도 여러 가지 재앙, 질병, 심지어 짐승을 통해서도 많은 사람이 죽게 됩니다. 얼마나 많은 사람이 죽는가 하면 땅의 인구 '4분의 1' 이 죽습니다.

다섯째 인은 요한계시록 6장 9-11절에 나옵니다.

"다섯째 인을 떼실 때에 내가 보니 하나님의 말씀과 그들이 가진 증거로 말미암아 죽임을 당한 영혼들이 제단 아래에 있어 큰 소리로 불러 이르되 거룩하고 참되신 대주재여 땅에 거하는 자들을 심판하여 우리 피를 갚아 주지 아니하시기를 어느 때까지 하시려 하나이까 하니 각각 그들에게 흰 두루마기를 주시며 이르시되 아직 잠시 동안 쉬되 그들의 동무 종들과 형제들도 자기처럼 죽임을 당하여 그 수가 차기까지 하라 하시더라."

이 말씀에 보면 수많은 사람이 순교당한 것이 기록되어 있습니다. 7년 대환난 기간 중에 순교당할 사람들을 미리 보여주신 것입니다. 7년 대환난 기간 중에도 예수님을 믿을 수는 있습니다. 그러나 대부분 순교 당하게 됩니다.

'내가 지금 예수를 믿지 않아도 7년 대환난 기간 중에 믿으면 되겠구나!' 라고 생각하는 분이 혹 계실지 모르겠습니다. 그러나 7년 대환난 기간을 여러분을 위한 구원의 기회라고 생각하면 안 됩니다. 7년 대환난은 하나님의 심판의 기간입니다. 이 기간 동안 하나님은 마귀 사탄을 마음대로 활동하도록 내버려 두십니다. 그래서 사탄은 사람들을 미혹하여 할 수만 있으면 예수님을 믿지 못하게 합니다. 그러므로 지금 예수님을 믿지 않는다면 다음에는 더 믿지 못할 것입니다. 데살로니가후서 2장 11-12절에서 그 말씀을 하고 있습니다.

"이러므로 하나님이 미혹의 역사를 그들에게 보내사 거짓 것을 믿게 하심은 진리를 믿지 않고 불의를 좋아하는 모든 자들로 하여금 심판을 받게 하려 하심이라."

이 말씀을 보면 하나님께서 사람들로 하여금 마귀의 미혹을 당하도록 내버려 두신다고 했습니다. 그럼에도 불구하고 7년 대환난 기간 중에 구원받는 사람이 있습니다. 14만4천 명의 유대인들이 복음을 전하는 것이 요한계시록에 기록되어 있습니다. 그들은 주로 유대인들을 대상으로 복음을 전할 것이기 때문에 이방인들은 이 기간을 구원의 기회로 생각하면 안 됩니다. 이방인들은 지금, 하나님께서 믿을 수 있는 기회를 주실 때 예수님을 믿어야 합니다. 하나님의 은혜로 구원을 받는다 해도 그때는 순교할 각오를 해야 합니다.

여섯째 인을 보겠습니다. 요한계시록 6장 12-17절입니다.

"내가 보니 여섯째 인을 떼실 때에 큰 지진이 나며 해가 검은 털로 짠 상복 같이 검어지고 달은 온통 피 같이 되며 하늘의 별들이 무화과나무가 대풍에 흔들려 설익은 열매가 떨어지는 것 같이 땅에 떨어지며 하늘은 두루마리가 말리는 것 같이 떠나가고 각 산과 섬이 제 자리에서 옮겨지매 땅의 임금들과 왕족들과 장군들과 부자들과 강한 자들과 모든 종과 자유인이 굴과 산들의 바위 틈에 숨어 산들과 바위에게 말하되 우리 위에 떨어져 보좌에 앉으신 이의 얼굴에서와 그 어린 양의 진노에서 우리를 가리라 그들의 진노의 큰 날이 이르렀으니 누가 능히 서리요 하더라."

여섯째 인을 떼었을 때 어떤 일이 있습니까? 천체에 이상이 있습니다. 해가 검은 색으로 변하고, 달이 핏빛으로 변하고, 별이 하늘에서 떨어진다고 했습니다. 이 현상은 마태복음 24장 29절 기록된, 예수님께서 이 땅으로 내려오실 때의 징조와 비슷합니다. 그러나 그 상황은 아닙니다. 천체에 이상이 있으니 사람들이 두려워서 산에 숨고 바위 틈 사이에 숨어서 산과 바위에게 "하나님의 진노로부터 우리를 가려 달라, 우리 위에 떨어져 죽게 해 달라"고 호소합니다. 얼마나 두려우면 그렇게 하겠습니까!

일곱째 인은 요한계시록 8장 1-2절에 나옵니다.

"일곱째 인을 떼실 때에 하늘이 반 시간쯤 고요하더니 내가 보매 하나님 앞에 일곱 천사가 서 있어 일곱 나팔을 받았더라."

일곱째 인을 떼니 특별한 재앙은 없고, 잠시 고요하더니 일곱 천사가 일곱 나팔을 받았다고 했습니다. 또 다른 재앙이 임할 것을 알려주는 내용입니다. 이렇게 해서 일곱 인의 심판은 끝이 나고 일곱 나팔의 심판이 이어지게 됩니다.

일곱 인의 심판이 7년 대환난 기간 어느 시점에 일어날지 정확하게 알 수는 없습니다. 제 생각에는 7년 대환난 전반부(前半部)에 일어나지 않을까 생각됩니다. 적그리스도는 7년 대환난이 시작될 때 등장하여 7년 대환난 중간 시점에 자신의 본색을 드러내면서 본격적인 활동을 시작하게 되고, 그 즈음에 하나님의 진노도 한층 더하면서 천체의 이상, 즉 해가 검어지고 달이 핏빛으로 변하고 별이 떨어지는 징조를 보여주시지 않을까 생각합니다.

2. 일곱 나팔의 심판

두 번째로, 일곱 나팔의 심판을 보겠습니다.

요한계시록 8장 6-7절입니다.

"일곱 나팔을 가진 일곱 천사가 나팔 불기를 준비하더라 첫째 천사가 나팔을 부니 피 섞인 우박과 불이 나와서 땅에 쏟아지매 땅의 삼분의 일이 타 버리고 수목의 삼분의 일도 타 버리고 각종 푸른 풀도 타 버렸더라."

첫째 나팔의 심판은 우박과 불이 피에 섞여 내리는 것입니다. 이 불로 인해서 땅의 삼분의 일이 타버립니다. 모든 수목의 삼분의 일이 타서 없어집니다.

둘째 나팔의 내용을 보겠습니다. 요한계시록 8장 8-9절입니다.

"둘째 천사가 나팔을 부니 불 붙는 큰 산과 같은 것이 바다에

던져지매 바다의 삼분의 일이 피가 되고 바다 가운데 생명 가진 피조물들의 삼분의 일이 죽고 배들의 삼분의 일이 깨지더라."

둘째 나팔을 부니 바다의 삼분의 일이 피가 됩니다. 얼마나 끔찍합니까! 그 결과 생명을 가진 바다 피조물의 삼분의 일이 죽습니다. 생명뿐 아니라 배들의 삼분의 일도 파괴됩니다.

셋째 나팔에 대해서는 요한계시록 8장 10-11절에 나옵니다.
"셋째 천사가 나팔을 부니 횃불 같이 타는 큰 별이 하늘에서 떨어져 강들의 삼분의 일과 여러 물샘에 떨어지니 이 별 이름은 쓴 쑥이라 물의 삼분의 일이 쓴 쑥이 되매 그 물이 쓴물이 되므로 많은 사람이 죽더라."

이번에는 강과 호수의 삼분의 일이 쓰게 됩니다. 그리고 그 물을 마시는 사람들은 죽습니다.

넷째 나팔을 보겠습니다. 요한계시록 8장 12절입니다.
"넷째 천사가 나팔을 부니 해 삼분의 일과 달 삼분의 일과 별들의 삼분의 일이 타격을 받아 그 삼분의 일이 어두워지니 낮 삼분의 일은 비추임이 없고 밤도 그러하더라."

이번에는 해와 달과 별들의 삼분의 일이 빛을 잃게 됩니다. 사람들은 어둠 속에서 공포에 떨게 됩니다. 이 현상은 계속되는 현상이 아니고 일시적인 현상입니다. 나중에 보면 해가 오히려 뜨거워져서 사람들을 태워 죽이는 것을 볼 수 있습니다.

다섯째 나팔의 재앙은 요한계시록 9장 1-11절에 나와 있습니다.

"다섯째 천사가 나팔을 불매 내가 보니 하늘에서 땅에 떨어진 별 하나가 있는데 그가 무저갱의 열쇠를 받았더라 그가 무저갱을 여니 그 구멍에서 큰 화덕의 연기 같은 연기가 올라오매 해와 공기가 그 구멍의 연기로 말미암아 어두워지며 또 황충이 연기 가운데로부터 땅 위에 나오매 그들이 땅에 있는 전갈의 권세와 같은 권세를 받았더라 그들에게 이르시되 땅의 풀이나 푸른 것이나 각종 수목은 해하지 말고 오직 이마에 하나님의 인침을 받지 아니한 사람들만 해하라 하시더라 그러나 그들을 죽이지는 못하게 하시고 다섯 달 동안 괴롭게만 하게 하시는데 그 괴롭게 함은 전갈이 사람을 쏠 때에 괴롭게 함과 같더라 그 날에는 사람들이 죽기를 구하여도 죽지 못하고 죽고 싶으나 죽음이 그들을 피하리로다 황충들의 모양은 전쟁을 위하여 준비한 말들 같고 그 머리에 금 같은 관 비슷한 것을 썼으며 그 얼굴은 사람의 얼굴 같고 또 여자의 머리털 같은 머리털이 있고 그 이빨은 사자의 이빨 같으며 또 철 호심경 같은 호심경이 있고 그 날개들의 소리는 병거와 많은 말들이 전쟁터로 달려 들어가는 소리 같으며 또 전갈과 같은 꼬리와 쏘는 살이 있어 그 꼬리에는 다섯 달 동안 사람들을 해하는 권세가 있더라 그들에게 왕이 있으니 무저갱의 사자라 히브리어로는 그 이름이 아바돈이요 헬라어로는 그 이름이 아볼루온이더라."

이 말씀에 보면 '황충'이라는 희한한 생물이 등장합니다. 우리 중에는 이 생물을 본 사람이 한 사람도 없습니다. 지금 이 땅에는 없는 생물이기 때문입니다. 이 생물은 7년 대환난 기간 중에 나타납니다. 이 생물은 무저갱(無低坑, bottomless pit)에서 나오는데 무저갱은 타락한 천사들을 가두는 곳입니다. 후에 마귀 사탄도 천년왕국 기간 중에 이곳에 감금됩니다(계 20:2-3). 이곳은 귀신들 즉 타락한 영들의 감옥과 같은 곳입니다. 그곳에서 황충이라는 이상한 생물이 나와서 사람들을 괴롭히는데, 다섯 달 동안 괴롭힙니다. 하나님의 인 맞지 아니한 사람들만 골라서 괴롭힙니다. 요한계시록 7장에 보면 14만 4천 명의 하나님의 인을 맞은 이스라엘 사람들이 나오는데, 이들은 7년 대환난 기간 중에 이스라엘 사람들에게 복음을 전할 사람들로 보입니다. 이 사람들은 황충이 건들지 못합니다. 그 외에는 다 황충으로부터 괴롭힘을 당합니다. 그 괴롭힘이 얼마나 심하든지 사람들이 죽기를 원합니다. 그러나 하나님께서 죽기를 허락해 주시지 않습니다.

여섯째 나팔입니다. 요한계시록 9장 13-21절입니다.

"여섯째 천사가 나팔을 불매 내가 들으니 하나님 앞 금 제단 네 뿔에서 한 음성이 나서 나팔 가진 여섯째 천사에게 말하기를 큰 강 유브라데에 결박한 네 천사를 놓아 주라 하매 네 천사가 놓였으니 그들은 그 년 월 일 시에 이르러 사람 삼분의 일을 죽

이기로 준비된 자들이더라 마병대의 수는 이만 만이니 내가 그들의 수를 들었노라 이같은 환상 가운데 그 말들과 그 위에 탄 자들을 보니 불빛과 자줏빛과 유황빛 호심경이 있고 또 말들의 머리는 사자 머리 같고 그 입에서는 불과 연기와 유황이 나오더라 이 세 재앙 곧 자기들의 입에서 나오는 불과 연기와 유황으로 말미암아 사람 삼분의 일이 죽임을 당하니라 이 말들의 힘은 입과 꼬리에 있으니 꼬리는 뱀 같고 또 꼬리에 머리가 있어 이것으로 해하더라 이 재앙에 죽지 않고 남은 사람들은 손으로 행한 일을 회개하지 아니하고 오히려 여러 귀신과 또는 보거나 듣거나 다니거나 하지 못하는 금, 은, 동과 목석의 우상에게 절하고 또 그 살인과 복술과 음행과 도둑질을 회개하지 아니하더라."

여섯째 나팔의 재앙에서는 인구 이만 만, 즉 2억 명의 마병대가 등장하는 것을 보게 됩니다. 이들은 특이한 말을 타고 있습니다. 이 땅의 말들과는 다른 종류입니다. 말을 탄 자보다 말 자체에 대해서 더 많은 설명을 하고 있는데, 그 머리는 사자 같고 그 입에서는 불과 연기와 유황이 나온다고 했습니다. 이런 내용을 고려해 볼 때 이만 만의 군대는 사람들로 구성된 군대가 아니라 지옥의 군대, 즉 사탄이 부리는 군대인 것을 알 수 있습니다. 그 꼬리는 뱀과 같고 꼬리에는 머리가 달려 있어서 그것으로 사람들을 해친다고 했습니다.

이 2억의 마병대를 통해서 얼마나 많은 사람이 죽는가 하면 삼분의 일이 죽습니다. 그럼에도 불구하고 사람들은 회개하지 않습니다. 오히려 더 우상숭배하고 하나님께 범죄한다고 성경은 말씀합니다. 사람들의 마음이 강퍅해지는 것입니다. 마귀가 그렇게 사람들을 미혹합니다.

일곱째 나팔에 대해서는 요한계시록 11장 15-18절에 나옵니다.

"일곱째 천사가 나팔을 불매 하늘에 큰 음성들이 나서 이르되 세상 나라가 우리 주와 그의 그리스도의 나라가 되어 그가 세세토록 왕 노릇 하시리로다 하니 하나님 앞에서 자기 보좌에 앉아 있던 이십사 장로가 엎드려 얼굴을 땅에 대고 하나님께 경배하여 이르되 감사하옵나니 옛적에도 계셨고 지금도 계신 주 하나님 곧 전능하신 이여 친히 큰 권능을 잡으시고 왕 노릇 하시도다 이방들이 분노하매 주의 진노가 내려 죽은 자를 심판하시며 종 선지자들과 성도들과 또 작은 자든지 큰 자든지 주의 이름을 경외하는 자들에게 상 주시며 또 땅을 망하게 하는 자들을 멸망시키실 때로소이다 하더라."

마지막 나팔이 울리자 재앙은 쏟아지지 않고 하나님의 왕국을 예고하면서 심판이 곧 있을 것을 말씀합니다. 7년 대환난의 끝이 상당히 임박한 것을 알려주는 내용입니다. 예수님께서 지상으로 내려오실 날이 멀지 않았음을 알 수 있습니다.

일곱 나팔의 심판도 7년 대환난 기간 중 어느 시기에 있을지 정확히 알 수 없지만 제 개인적으로는 후반(後半) 3년 반 동안에 일어나지 않을까 생각합니다. 후반 3년 반이 시작되는 순간부터 끝나는 그 순간, 즉 예수님의 재림이 임박한 그 시기까지 일곱 나팔의 재앙은 계속될 것이라고 생각합니다. 일곱째 나팔이 하나님의 왕국과 심판을 예고하는 것을 볼 때 7년 대환난 거의 끝까지 계속되는 재앙이라는 것을 알 수 있습니다.

3. 일곱 대접의 심판

하나님의 심판은 아직 끝나지 않았습니다. 아직 일곱 대접의 심판이 남아 있습니다. 일곱 대접의 심판은 7년 대환난 거의 끝부분에 집중적으로 쏟아질 재앙이라고 생각됩니다. 어떤 재앙이 쏟아지는지 요한계시록 16장을 보겠습니다.

1-2절입니다.

"또 내가 들으니 성전에서 큰 음성이 나서 일곱 천사에게 말하되 너희는 가서 하나님의 진노의 일곱 대접을 땅에 쏟으라 하더라 첫째 천사가 가서 그 대접을 땅에 쏟으매 짐승의 표를 받은 사람들과 그 우상에게 경배하는 자들에게 악하고 독한 종기가 나더라."

첫째 대접의 재앙은 '악하고 독한 종기'입니다. 이 종기로 사람들이 심한 고통을 당하게 되는데 짐승 즉 적그리스도의 표를 받은 사람들만 이 고통을 당하게 됩니다. 구약성경에 나오는 욥이 육체의 질병으로 큰 고통을 당했는데 욥의 고통은 이날에 당할 고통에 비하면 아무것도 아닙니다. 오늘날에도 육체의 질병으로 고통당하는 분들이 많이 있는데, 그 고통도 이 날 당할 고통에 비하면 아무 것도 아닙니다.

둘째 대접의 재앙은 3절에 나와 있습니다.
"둘째 천사가 그 대접을 바다에 쏟으매 바다가 곧 죽은 자의 피 같이 되니 바다 가운데 모든 생물이 죽더라."
둘째 대접의 재앙은 바다가 피 같이 되는 것입니다. 바다가 피 같이 되니 바다의 모든 생물이 다 죽습니다. 일곱 나팔의 심판 중에서 둘째 나팔의 재앙이 바다의 3분의 1이 피로 변하는 것이었는데 이제는 모든 바다가 피로 변합니다. 그 결과 바다의 모든 생물이 다 죽습니다.

셋째 대접의 재앙입니다. 4-7절입니다.
"셋째 천사가 그 대접을 강과 물 근원에 쏟으매 피가 되더라 내가 들으니 물을 차지한 천사가 이르되 전에도 계셨고 지금도 계신 거룩하신 이여 이렇게 심판하시니 의로우시도다 그들이 성도들과 선지자들의 피를 흘렸으므로 그들에게 피를 마시게 하신 것이 합당하니이다 하더라 또 내가 들으니 제단이 말하기를 그러하다 주 하나님 곧 전능하신 이시여 심판하시는 것이 참

되시고 의로우시도다 하더라."

셋째 대접의 재앙은 강과 모든 물의 근원이 피로 변하는 것입니다. 셋째 나팔의 재앙 때는 강과 호수의 물 삼분의 일이 쓰게 되었습니다. 그런데 이번에는 모든 물이 다 피로 변합니다. 이제 더 이상 마실 물이 없습니다. 생명을 조금이라도 더 유지하려면 피를 마실 수밖에 없습니다. 왜 하나님께서 이토록 가혹한 벌을 내리시는 줄 아십니까? 하나님을 거역한 사람들이 선지자들과 성도들의 피를 흘렸기 때문입니다.

넷째 대접의 재앙은 8-9절에 나옵니다.

"넷째 천사가 그 대접을 해에 쏟으매 해가 권세를 받아 불로 사람들을 태우니 사람들이 크게 태움에 태워진지라 이 재앙들을 행하는 권세를 가지신 하나님의 이름을 비방하며 또 회개하지 아니하고 주께 영광을 돌리지 아니하더라."

넷째 대접을 쏟으니 해가 뜨거워져서 사람들을 태우는 진노가 쏟아집니다. 넷째 나팔을 불었을 때에는 해와 달과 별이 빛을 잃었습니다. 그런데 이번에는 반대로 해가 뜨거워져서 사람들을 태웁니다.

7년 대환난 기간 중의 날씨가 오늘날과 같을 것이라고 생각한다면 큰 오산입니다. 그때는 해가 빛을 잃기도 하고 반대로 뜨거워져서 사람들을 태워 죽이기도 하는, 지금으로서는 상상도 할 수 없는 날씨가 될 것입니다. 그런데도 사람들은 회개하지 않

습니다. 하나님의 이름을 계속 비방하며 모독할 것인데 그것은
마귀가 사람들의 마음을 강퍅하게 하기 때문입니다.

　다섯째 대접의 재앙을 보겠습니다. 10-11절입니다.
　**"또 다섯째 천사가 그 대접을 짐승의 왕좌에 쏟으니 그 나라
가 곧 어두워지며 사람들이 아파서 자기 혀를 깨물고 아픈 것과
종기로 말미암아 하늘의 하나님을 비방하고 그들의 행위를 회
개하지 아니하더라."**
　다섯째 대접의 재앙은 적그리스도의 세계에 어두움이 임하는
것입니다. 적그리스도가 통치하는 세계가 구체적으로 어디인지
정확하게 알 수는 없습니다. 두 곳 중의 한 곳이라고 생각되는데
예루살렘 아니면 로마입니다. 데살로니가후서 2장 4절을 보면
적그리스도가 하나님의 성전에 앉아 자기를 하나님이라고 내세
운다고 했습니다. 또 요한계시록 13장 14-15절과 마태복음 24장
15절을 보면 적그리스도가 성전에 자기의 동상을 세워 놓고 사
람들로 하여금 경배하게 한다고 했습니다. 이런 내용들을 보면
적그리스도는 예루살렘에서 세계를 통치하지 않을까 생각됩니
다.
　예루살렘이 아니라면 로마가 될 것입니다. 7년 대환난 기간
중에는 적그리스도와 그의 파트너 거짓 선지자가 세계를 지배
하게 될 것인데 거짓 선지자의 본부는 로마에 있습니다. 요한계
시록에는 로마라는 이름 대신 '바벨론'이라는 이름으로 나옵니

다(제4강 참조).

적그리스도는 예루살렘 아니면 로마에서 세상을 통치할 것인데, 그곳에 어둠이 임하는 것이 다섯째 대접의 재앙입니다. 어둠이 임할 때 사람들은 아파하고 괴로워할 것입니다. 그런데도 그들은 회개하지 않고 오히려 더 하나님을 모독합니다.

여섯째 대접의 재앙입니다. 12-16절입니다.

"또 여섯째 천사가 그 대접을 큰 강 유브라데에 쏟으매 강물이 말라서 동방에서 오는 왕들의 길이 예비되었더라 또 내가 보매 개구리 같은 세 더러운 영이 용의 입과 짐승의 입과 거짓 선지자의 입에서 나오니 그들은 귀신의 영이라 이적을 행하여 온 천하 왕들에게 가서 하나님 곧 전능하신 이의 큰 날에 있을 전쟁을 위하여 그들을 모으더라 보라 내가 도둑 같이 오리니 누구든지 깨어 자기 옷을 지켜 벌거벗고 다니지 아니하며 자기의 부끄러움을 보이지 아니하는 자는 복이 있도다 세 영이 히브리어로 아마겟돈이라 하는 곳으로 왕들을 모으더라."

여섯째 대접의 재앙을 보면 적그리스도와 거짓 선지자 그리고 이들을 배후에서 조종하는 용, 즉 마귀 사탄이 세상의 왕들을 아마겟돈이라는 곳으로 불러들입니다. 모으는 이유는 임박한 자신들의 최후를 알고서 이 땅으로 내려오실 예수 그리스도를 대항하기 위해서입니다.

이들이 모이는 장소는 아미겟돈입니다. 아마겟돈은 '므깃도 평원'이라는 뜻입니다. 실제로 아마겟돈이라 불리는 지역은 이스라엘에 없습니다. 므깃도라는 곳이 구약성경에 나오는데 이곳은 역사적으로 많은 전쟁이 있었던 곳입니다. 아마겟돈은 이 므깃도 평원을 의미합니다.

수많은 사람이 이곳으로 모이게 되는데 사람들의 측면에서는 지상으로 재림하실 그리스도를 대항하기 위해 이곳에 모이지만 하나님의 측면에서는 이들을 모아서 한꺼번에 멸망시키기 위함입니다.

'아마겟돈' 하면 사람들이 '3차 세계대전'을 연상하는데 아마겟돈과 3차 세계대전은 사실 관계가 없습니다. 아마겟돈 전쟁은 7년 대환난 마지막 부분에 사람들이 그리스도를 대항하여 벌일 전쟁이지만 이 전쟁의 승패는 너무 시시하게 끝납니다. 요한계시록 19장 19-21절입니다.

"또 내가 보매 그 짐승과 땅의 임금들과 그들의 군대들이 모여 그 말 탄 자와 그의 군대와 더불어 전쟁을 일으키다가 짐승이 잡히고 그 앞에서 표적을 행하던 거짓 선지자도 함께 잡혔으니 이는 짐승의 표를 받고 그의 우상에게 경배하던 자들을 표적으로 미혹하던 자라 이 둘이 산 채로 유황불 붙는 못에 던져지고 그 나머지는 말 탄 자의 입으로부터 나오는 검에 죽으매 모든 새가 그들의 살로 배불리더라."

시시하게 끝이 나지요? 엄청나게 많이 모인 사람들이 대단한 무엇을 할 것 같았는데 예수 그리스도께서 이들을 입의 검으로 간단하게 멸망시켜 버립니다. 그리하여 이날 짐승들만 포식하게 됩니다. 사람들은 예수 그리스도를 대항하기 위해 모였지만 하나님은 이들을 멸망시키는 기회로 사용하셨습니다.

이미 일어난 일은 아니고 7년 대환난의 끝 부분에 있을 일입니다.

마지막 일곱째 대접의 재앙입니다. 16장 17-21절입니다.

"일곱째 천사가 그 대접을 공중에 쏟으매 큰 음성이 성전에서 보좌로부터 나서 이르되 되었다 하시니 번개와 음성들과 우렛소리가 있고 또 큰 지진이 있어 얼마나 큰지 사람이 땅에 있어 온 이래로 이같이 큰 지진이 없었더라 큰 성이 세 갈래로 갈라지고 만국의 성들도 무너지니 큰 성 바벨론이 하나님 앞에 기억하신 바 되어 그의 맹렬한 진노의 포도주 잔을 받으매 각 섬도 없어지고 산악도 간 데 없더라 또 무게가 한 달란트나 되는 큰 우박이 하늘로부터 사람들에게 내리매 사람들이 그 우박의 재앙 때문에 하나님을 비방하니 그 재앙이 심히 큼이러라."

이제 다 되었습니다. 7년 대환난의 모든 재앙이 이것으로 끝이 나게 됩니다. 어떻게 끝나는가 하면 번개와 천둥이 있습니다. 그리고 이 땅에 지금까지 없었던 큰 지진이 있습니다. 하늘로부터는 큰 우박들이 쏟아지게 됩니다. 이 우박으로 인해 산천초목이 파괴되고 건물들이 거의 다 파괴됩니다. 또 지진으로 인하여 지형도 변하고 바벨론도 멸망합니다. 바벨론은 마귀와 적그리스도의 도성을 표현하는 말입니다. 이렇게 해서 7년 대환난은 마침내 끝이 납니다.

지금까지 7년 대환난에 대해서 살펴보았는데, 7년 대환난의 고통을 상상할 수 있으시겠습니까? 7년 대환난의 고통은 우리가 읽고 듣는 것보다 훨씬 더 큽니다. 상상도 할 수 없이 큰 고통입니다.

그런데 다행스럽고 감사한 것은 예수님 믿고 구원받은 사람들은 이 환난에 들어가지 않는다는 것입니다. 7년 대환난이 시작되기 전에 공중으로 들림 받을 것이기 때문입니다.

그러나 예수님께서 공중에 재림하시고 휴거가 일어나는 그 순간에 예수님을 믿지 않고 있는 사람들은 이 7년 대환난에 들어가게 됩니다. 그리고 하나님의 진노를 다 경험해야 합니다. 7년 대환난을 면하는 방법은 한 가지밖에 없습니다. 예수님 믿고 구원받는 것입니다. 그렇게 하면 예수님께서 다시 오실 때 공중으로 들림 받을 수 있습니다.

언제 7년 대환난이 시작될지 모릅니다. 내년에 시작될 수도 있고 올해 시작될 수도 있습니다. 예수님께서 공중에 재림하시기만 하면 바로 시작될 것입니다. 여러분 중에 아직 예수님을 믿지 않고 있는 분이 계시면 늦기 전에 예수님을 구주로 영접하시고 구원받으시기 바랍니다.

제4강
적그리스도와 거짓 선지자

요한일서 2:18

"아이들아 지금은 마지막 때라 적그리스도가 오리라는 말을 너희가 들은 것과 같이 지금도 많은 적그리스도가 일어났으니 그러므로 우리가 마지막 때인 줄 아노라."

7년 대환난 기간은 하나님의 심판의 기간으로 이 기간 동안 하나님께서는 이 땅에 재앙과 진노를 쏟아 부으십니다. 그런데 이스라엘 사람들에게는 이 기간이 구원받을 수 있는 기회이기도 합니다. 하나님께서 특별히 그들을 사랑하셔서 마지막으로 그들에게 구원받을 수 있는 기회를 주시는데, 이 기간을 통해서 많은 이스라엘 사람들이 구원받게 될 것입니다. 상당수 이방인들도 구원받게 될 것입니다(계 7:9-10). 그런데 문제는 이방인들도 그렇고 이스라엘 사람들도 그렇고, 구원을 받는다 해도 적그리스도와 거짓 선지자를 통해서 큰 고난을 당하게 될 것입니다.

4강에서는 7년 대환난 기간 중에 나타나게 될 두 인물, 적그리스도와 거짓 선지자에 대해서 알아보겠습니다.

1. 적그리스도

먼저 적그리스도에 대해서 알아보겠습니다. '적그리스도' 라는 단어는 성경에 다섯 번 나오는데 요한1서와 요한2서에 나옵니다. 요한1서 2장 18절에 두 번 나오고, 2장 22절, 4장 3절 그리고 요한2서 7절에 한 번씩 나옵니다. 적그리스도라는 단어는 두 가지 측면에서 사용되는데, 첫째는 요한1 · 2서가 기록될 당시 이미 존재했던 적그리스도를 일컫는데 사용되고 있습니다. 어떤 사람들을 적그리스도라고 했는가 하면 예수 그리스도의 신성을 부인하는 자들을 적그리스도라고 했습니다. 둘째는 미래에 나타날 적그리스도를 가리켜 이 말을 사용했습니다. 적그리스도는 데살로니가후서 2장 3절에서 '불법의 사람', '멸망의 아들'로 표현되고 있습니다. 데살로니가후서 2장 3-4절을 보겠습니다.

"누가 어떻게 하여도 너희가 미혹되지 말라 먼저 배교하는 일이 있고 저 불법의 사람 곧 멸망의 아들이 나타나기 전에는 그 날이 이르지 아니하리니 그는 대적하는 자라 신이라고 불리는 모든 것과 숭배함을 받는 것에 대항하여 그 위에 자기를 높이고 하나님의 성전에 앉아 자기를 하나님이라고 내세우느니라."

'불법의 사람', '멸망의 아들'은 적그리스도를 말합니다.

적그리스도에 대해서는 다니엘서와 요한계시록에 상세하게 기록되어 있습니다. 다니엘서 7장 17-18절을 잘 연구하면 적그리스도가 어느 나라에서 나올 것인지를 알 수 있습니다.

"그 네 큰 짐승은 세상에 일어날 네 왕이라 지극히 높으신 이의 성도들이 나라를 얻으리니 그 누림이 영원하고 영원하고 영원하리라."

'네 큰 짐승'은 '네 왕'이라고 했습니다. 장차 나타날 네 왕국을 네 짐승으로 표현한 것입니다. 첫째 짐승은 사자와 같은 짐승인데 이 짐승은 바벨론 제국을 상징합니다. 둘째 짐승은 곰과 같은 짐승인데 페르시아 제국을 상징합니다. 셋째 짐승은 표범과 같은 짐승인데 이 짐승은 알렉산더 대왕이 이끌었던 그리스 제국을 상징합니다. 넷째 짐승은 로마 제국을 상징합니다. 예수님께서 이 땅에 계실 때 세계를 통치하던 나라가 로마 제국이었습니다. 그 로마 제국이 넷째 왕국으로 등장하고 있습니다. 그리고 넷째 왕국이 지나가면 영원한 하나님의 나라가 나타나는 것을 볼 수 있습니다.

그런데 문제는 이것이 잘 이해되지 않는다는 것입니다. 이 말씀에 의하면 로마 제국 다음에 하나님의 왕국이 나타나게 됩니다. 로마 제국이 멸망한지가 언제인데, 그리고 하나님의 왕국은 아직도 이 땅 위에 세워지지 않았는데 어떻게 로마 제국 다음에 하나님의 왕국이 이 땅 위에 세워진다는 것인지 이해가 되지 않습니다. 이것에 대해 좀 더 자세히 알기 위해 다니엘서 7장 19-22절을 보겠습니다.

"이에 내가 넷째 짐승에 관하여 확실히 알고자 하였으니 곧 그것은 모든 짐승과 달라서 심히 무섭더라 그 이는 쇠요 그 발톱은 놋이니 먹고 부서뜨리고 나머지는 발로 밟았으며 또 그것의 머리에는 열 뿔이 있고 그 외에 또 다른 뿔이 나오매 세 뿔이 그 앞에서 빠졌으며 그 뿔에는 눈도 있고 큰 말을 하는 입도 있고 그 모양이 그의 동류보다 커 보이더라 내가 본즉 이 뿔이 성도들과 더불어 싸워 그들에게 이겼더니 옛적부터 항상 계신 이가 와서 지극히 높으신 이의 성도들을 위하여 원한을 풀어 주셨고 때가 이르매 성도들이 나라를 얻었더라."

이 말씀에 의하면 넷째 짐승은 굉장히 강한 짐승입니다. 머리에는 열 뿔이 있습니다. '열 뿔'은 '열 왕'을 상징합니다(단 7:24). 그런데 과거 로마 제국에는 열 왕이 함께 통치했던 적이 없습니다. 이런 사실을 미루어볼 때 이것은 아직도 미래의 일임을 알 수 있습니다. 다시 말씀드리면 이것은 과거 로마 제국의 판도 위에 새로운 로마 제국이 세워질 것을 말씀하는 내용입니다. 우리가 살고 있는 이 시대에 새로운 로마 제국이 일어나고 있으니 곧 유럽연합(EU)입니다.

그런데 이 열 뿔 사이에서 또 다른 한 뿔이 나온다고 했습니다. 그 뿔에는 눈도 있고 말하는 입도 있습니다. 성도들과 더불어 싸워 이겼다고도 말씀합니다. 이 뿔이 바로 적그리스도입니다. 그렇다면 적그리스도는 어느 나라에서 나옵니까? 유럽연합(EU)입니다.

적그리스도에 대해서는 다니엘서 7장 25절에서 좀 더 자세하게 설명하고 있습니다.

"그가 장차 지극히 높으신 이를 말로 대적하며 또 지극히 높으신 이의 성도를 괴롭게 할 것이며 그가 또 때와 법을 고치고자 할 것이며 성도들은 그의 손에 붙인 바 되어 한 때와 두 때와 반 때를 지내리라."

'그'는 적그리스도를 말합니다. 적그리스도가 '지극히 높으신 이' 즉 하나님을 대적한다고 말씀하고 있습니다. 그리고 '성도를 괴롭게 할 것'이라고 말씀합니다. 여기서 말하는 성도는 이스라엘 백성들과 7년 대환난 기간 중에 구원받게 될 성도들을 말합니다. 얼마 동안 하나님을 대적하며 하나님의 백성들을 괴롭히는가 하면 '한 때와 두 때와 반 때' 동안 그렇게 한다고 했습니다. 한 때와 두 때와 반 때는 3년 반을 의미합니다. 이 기간은 7년 대환난의 후반 3년 반입니다. 실제로 적그리스도가 등장하는 것은 7년 대환난이 시작되면서부터입니다. 그러나 적그리스도가 자신의 본색을 드러내면서 실제적인 활동에 들어가는 것은 7년의 절반이 지나면서부터입니다. 여기에 대해서는 다니엘서 9장 27절에 나와 있는데 3강에서 이미 살펴보았습니다.

적그리스도에 대해서는 요한계시록 13장 1-8절에도 잘 나와 있습니다.

"내가 보니 바다에서 한 짐승이 나오는데 뿔이 열이요 머리가 일곱이라 그 뿔에는 열 왕관이 있고 그 머리들에는 신성 모독하는 이름들이 있더라 내가 본 짐승은 표범과 비슷하고 그 발은 곰의 발 같고 그 입은 사자의 입 같은데 용이 자기의 능력과 보좌와 큰 권세를 그에게 주었더라 그의 머리 하나가 상하여 죽게 된 것 같더니 그 죽게 되었던 상처가 나으매 온 땅이 놀랍게 여겨 짐승을 따르고 용이 짐승에게 권세를 주므로 용에게 경배하며 짐승에게 경배하여 이르되 누가 이 짐승과 같으냐 누가 능히 이와 더불어 싸우리요 하더라 또 짐승이 과장되고 신성 모독을

말하는 입을 받고 또 마흔두 달 동안 일할 권세를 받으니라 짐승이 입을 벌려 하나님을 향하여 비방하되 그의 이름과 그의 장막 곧 하늘에 사는 자들을 비방하더라 또 권세를 받아 성도들과 싸워 이기게 되고 각 족속과 백성과 방언과 나라를 다스리는 권세를 받으니 죽임을 당한 어린 양의 생명책에 창세 이후로 이름이 기록되지 못하고 이 땅에 사는 자들은 다 그 짐승에게 경배하리라."

다니엘서에서는 적그리스도를 '작은 뿔'로 표현했고, 요한계시록에서는 적그리스도를 '짐승'이라고 표현하고 있습니다. 이 말씀에 의하면 적그리스도에게 어떠한 일이 일어납니까?

통치기간 중에 치명적인 상처를 입고 거의 죽을 뻔합니다. 그런데 죽지 않고 다시 살아납니다. 그것을 보고 사람들은 놀랍게 생각하면서 그를 따른다고 했습니다(3절).

또한 적그리스도가 하나님을 모독하며 성도를 핍박하는데 '마흔두 달 동안' 그렇게 한다고 했습니다(5절). 이 마흔두 달 역시 7년 대환난 기간의 후반 3년 반입니다.

그런데 적그리스도의 힘과 능력이 어디서 나옵니까? 마귀 사탄으로부터 나옵니다. 2절과 4절에 권세가 '용'으로부터 나오는 것을 말씀하고 있는데, 용은 마귀 사탄을 뜻합니다. 요한계시록 20장 2a절이 그것을 말해줍니다.

"용을 잡으니 곧 옛 뱀이요 마귀요 사탄이라."

다니엘서 11장 36-39절도 적그리스도에 대해서 많은 것을 말해줍니다.

"그 왕은 자기 마음대로 행하며 스스로 높여 모든 신보다 크다 하며 비상한 말로 신들의 신을 대적하며 형통하기를 분노하심이 그칠 때까지 하리니 이는 그 작정된 일을 반드시 이룰 것임이라 그가 모든 것보다 스스로 크다 하고 그의 조상들의 신들과 여자들이 흠모하는 것을 돌아보지 아니하며 어떤 신도 돌아보지 아니하고 그 대신에 강한 신을 공경할 것이요 또 그의 조상들이 알지 못하던 신에게 금 은 보석과 보물을 드려 공경할 것이며 그는 이방신을 힘입어 크게 견고한 산성들을 점령할 것이요 무릇 그를 안다 하는 자에게는 영광을 더하여 여러 백성을 다스리게도 하며 그에게서 뇌물을 받고 땅을 나눠 주기도 하리라."

이 말씀을 보면 적그리스도가 자기 자신을 높여 모든 신보다 크다 하며 하나님을 대적한다고 했습니다. 37절에서는 "여자들이 흠모하는 것을 돌아보지 아니한다"고 했는데 '여자들이 흠모하는 것'은 이스라엘 사람들이 메시야를 고대하는 것이라고 생각됩니다.

그런데 적그리스도 자신은 어떤 신을 공경합니까?

'강한 신을 공경'한다고 했습니다(38절). 힘과 권력을 숭상하는 것을 뜻합니다. "또 그의 조상들이 알지 못하던 신에게 금 은 보석과 보물을 드려 공경할 것"이라고 했는데 '그의 조상들이 알지 못하던 신'은 누구이겠습니까? 마귀 사탄입니다. 마귀로부터 모든 권세와 능력을 부여받았기 때문에 마귀를 경배하고 숭상하는 것은 당연한 일입니다.

이런 식으로 적그리스도는 계속해서 자기의 힘과 권력을 확장해 나갈 것입니다. 이 사람이 정치하는 동안 정치는 극도로 부패하고 타락할 것입니다. 39절을 보면 '뇌물'을 받고 자기 마음에 드는 사람들에게 권력을 나눠줄 것을 말씀하고 있습니다.

적그리스도가 이 땅을 통치할 때 모든 것이 순조롭지만은 않습니다. 적그리스도를 대항해서 전쟁을 일으킬 사람도 있습니다.

다니엘서 11장 40절-45절을 보겠습니다.

"마지막 때에 남방 왕이 그와 힘을 겨룰 것이나 북방 왕이 병거와 마병과 많은 배로 회오리바람처럼 그에게로 마주 와서 그 여러 나라에 침공하여 물이 넘침 같이 지나갈 것이요 그가 또 영화로운 땅에 들어갈 것이요 많은 나라를 패망하게 할 것이나 오직 에돔과 모압과 암몬 자손의 지도자들은 그의 손에서 벗어나리라 그가 여러 나라들에 그의 손을 펴리니 애굽 땅도 면하지 못할 것이니 그가 권세로 애굽의 금 은과 모든 보물을 차지할 것이요 리비아 사람과 구스 사람이 그의 시종이 되리라 그러나 동북에서부터 소문이 이르러 그를 번민하게 하므로 그가 분노하여 나가서 많은 무리를 다 죽이며 멸망시키고자 할 것이요 그가 장막 궁전을 바다와 영화롭고 거룩한 산 사이에 세울 것이나 그의

종말이 이르리니 도와 줄 자가 없으리라.”

이 말씀을 보면 적그리스도를 대항해서 전쟁을 일으킬 나라가 있는 것을 볼 수 있습니다(40절). 정확하게 어떤 나라인지 알수 없지만 그런 나라들이 있게 됩니다. 그런데 이 전쟁에서 누가 승리하는가 하면 적그리스도가 승리합니다. 그리고 적그리스도는 예루살렘으로 들어가게 됩니다. 41절의 ‘영화로운 땅’은 예루살렘을 뜻합니다. 이런 일은 7년 대환난 중간 시점에 일어나지 않을까 생각됩니다. 7년 대환난의 중간 시점에 적그리스도가 예루살렘으로 들어가 자신을 높여 하나님이라고 주장하면서 이스라엘 사람들과 그리스도인들을 핍박하게 될 것입니다.

지금까지 적그리스도가 어느 나라에서 나오며 어떤 일들이 그에게 일어날 것인지 살펴보았습니다. 앞으로 몇 년 뒤에 적그리스도가 이 땅에 출현할지 우리는 알지 못합니다. 그러나 세상 되어가는 것을 볼 때 적그리스도의 출현이 임박한 것은 짐작할수 있습니다.

이미 신흥로마제국이 이 땅에 섰습니다. 그리고 지금 많은 사람이 사탄을 숭배하고 있습니다. 얼마 전 미국의 한 고등학교에서 사고를 일으킨 아이들도 사탄을 숭배하는 아이들이었습니다. 우리는 하나님을 예배하기 위해서 모이지만 미국 어떤 곳에서는 사탄을 숭배하기 위해 모이고, 사탄에게 제사도 지내는 일들이 실제로 일어나고 있습니다. 이런 것을 볼 때 적그리스도가 이 땅에 나타날 날이 그렇게 멀지 않은 것을 알 수 있습니다.

2. 거짓 선지자

두 번째로, 거짓 선지자에 대해서 살펴보겠습니다.

요한계시록 13장 11-18절입니다.

"내가 보매 또 다른 짐승이 땅에서 올라오니 어린 양 같이 두 뿔이 있고 용처럼 말을 하더라 그가 먼저 나온 짐승의 모든 권세를 그 앞에서 행하고 땅과 땅에 사는 자들을 처음 짐승에게 경배하게 하니 곧 죽게 되었던 상처가 나은 자니라 큰 이적을 행하되 심지어 사람들 앞에서 불이 하늘로부터 땅에 내려오게 하고 짐승 앞에서 받은 바 이적을 행함으로 땅에 거하는 자들을 미혹하며 땅에 거하는 자들에게 이르기를 칼에 상하였다가 살아난 짐승을 위하여 우상을 만들라 하더라 그가 권세를 받아 그 짐승의 우상에게 생기를 주어 그 짐승의 우상으로 말하게 하고 또 짐승의 우상에게 경배하지 아니하는 자는 몇이든지 다 죽이게 하더라 그가 모든 자 곧 작은 자나 큰 자나 부자나 가난한 자나 자유인이나 종들에게 그 오른손에나 이마에 표를 받게 하고 누구든지 이 표를 가진 자 외에는 매매를 못하게 하니 이 표는 곧 짐승의 이름이나 그 이름의 수라 지혜가 여기 있으니 총명한 자는 그 짐승의 수를 세어 보라 그것은 사람의 수니 그의 수는 육백육십

육이니라.”

이 말씀에 보면 적그리스도가 아닌 또 다른 한 짐승이 나타나는 것을 보게 됩니다. 여기의 '또 다른 짐승'이 바로 '거짓 선지자'입니다(계 16:13, 19:20). 이 사람은 적그리스도의 파트너로서 7년 대환난 기간 중에 적그리스도와 함께 이스라엘 사람들과 예수 믿는 사람들을 핍박하게 됩니다. 적그리스도가 정치지도자라면 이 사람은 종교지도자입니다. 요한계시록 17-18장을 보면 '음녀' 곧 '바벨론'이라는 거짓 종교단체가 등장하는데, 이 사람이 그 종교단체의 지도자일 것입니다.

거짓 선지자는 사람들로 하여금 적그리스도를 경배하게 만듭니다. 이 일을 위하여 그는 많은 이적과 기사를 행하며 사람들을 미혹합니다. 불이 하늘에서 내려오게도 하고(13절), 적그리스도의 우상에게 생기를 불어 넣어 적그리스도의 우상으로 하여금 말도 하게 합니다(15절). 이런 이적과 기사를 행할 수 있는 것은 마귀로부터 힘과 능력을 부여받았기 때문입니다. 그리고 적그리스도의 우상에게 경배하지 아니하면 몇이든지 다 죽인다고 말씀하고 있습니다.

또한 이 거짓 선지자는 7년 대환난 기간 중의 모든 경제활동을 주관하게 됩니다. 누구라도 오른손이나 이마에 표를 받지 아니하면 매매를 할 수 없습니다. 그래서 사람들은 살기 위해 적그리스도를 숭배하게 되고, 적그리스도의 지시를 따를 수밖에 없습니다. 사람들이 받게 되는 표는 적그리스도의 이름 아니면 그 이름을 나타내는 수(數)라고 했는데(17절) 그 수가 666입니다(18절).

666에 대해서 사람들이 굉장히 많은 관심을 가지고 있는 것 같습니다. 그래서 많은 사람들이 나름대로 666에 대해서 해석을 하고 설명을 했습니다. 그러나 666이 누구를 또는 무엇을 의미하는지 정확하게는 아무도 모릅니다. 저도 물론 모릅니다. 컴퓨터와 관련된 수가 아닐까 추측해 보지만 추측일 뿐입니다. 정확한 것은 그때 가봐야 알 수 있습니다.

거짓 선지자 이야기가 나왔으니 거짓 선지자가 이끌 거짓 종교단체에 대해서도 살펴보기 원합니다. 요한계시록 17장 1-6a절 말씀입니다.

"또 일곱 대접을 가진 일곱 천사 중 하나가 와서 내게 말하여 이르되 이리로 오라 많은 물 위에 앉은 큰 음녀가 받을 심판을 네게 보이리라 땅의 임금들도 그와 더불어 음행하였고 땅에 사는 자들도 그 음행의 포도주에 취하였다 하고 곧 성령으로 나를 데리고 광야로 가니라 내가 보니 여자가 붉은 빛 짐승을 탔는데 그 짐승의 몸에 하나님을 모독하는 이름들이 가득하고 일곱 머리와 열 뿔이 있으며 그 여자는 자주 빛과 붉은 빛 옷을 입고 금과 보석과 진주로 꾸미고 손에 금 잔을 가졌는데 가증한 물건과 그의 음행의 더러운 것들이 가득하더라 그의 이마에 이름이 기록되었으니 비밀이라, 큰 바벨론이라, 땅의 음녀들과 가증한 것들의 어미라 하였더라 또 내가 보매 이 여자가 성도들의 피와 예수의 증인들의 피에 취한지라."

이 말씀을 보면 거짓 종교단체를 '음녀'로 표현하고 있습니다. 참된 하나님의 교회가 신부(新婦)라면 거짓 종교단체는 음녀임에 틀림없습니다. 이 음녀가 짐승을 타고 있다고 했습니다. '짐승을 타고 있다'는 말은 적그리스도를 배후에 두고 있다는 말입니다. 그리고 이 음녀의 이름은 '바벨론'이라고 했습니다. 바벨론은 거짓 종교단체를 상징하면서 동시에 거짓 종교단체가 있는 곳을 상징합니다.

바벨론이 과연 어디일까요?

바벨론은 로마를 상징합니다. 요한계시록 17장 9절을 보겠습니다.

"지혜 있는 뜻이 여기 있으니 그 일곱 머리는 여자가 앉은 일곱 산이요."

이 말씀에 보면 음녀가 '일곱 산'에 앉아 있다고 했습니다. 이 말씀이 기록될 당시의 사람들은 '일곱 산의 도시' 하면 당연히 로마를 생각했습니다. 그러므로 여기서 말하는 일곱 산은 로마를 가리키는 것입니다. 베드로전서 5장 13절에서 사도 베드로는 로마를 바벨론이라 부르기도 했습니다.

그러므로 7년 대환난 기간 중에 있을 거짓 종교단체의 본부는 로마에 있을 것이 틀림없습니다. 그런데 지금 로마에 본부를 두고 있는 종교단체가 하나 있는데 바로 천주교입니다. 모르긴 해도 7년 대환난 기간 중에 있을 거짓 종교단체와 천주교는 직접 또는 간접적으로 서로 관련이 있을 것으로 생각됩니다. 거짓 종교단체는 7년 대환난 기간 중에 갑자기 나타나는 것이 아니라 이 땅에 존재하고 있다가 그때 가서 본격적으로 활동하게 될 것입니다.

과연 어떤 종교단체가 거짓 종교단체와 관련 있을지 여러분 스스로 한 번 판단해 보시기 바랍니다.

요한계시록 17장 4절을 보면 음녀는 화려한 옷을 입고 있다고 했습니다. 그리고 금, 은, 보석 등 값비싼 물건들로 그 몸을 치장하고 있다고 했습니다. 상당히 돈이 많지요? 어떻게 해서 돈을 모았을까요? 장사를 해서 모았습니다. 요한계시록 18장 11-13절을 보면 바벨론 즉 거짓 종교단체가 멸망할 때 그 거짓 종교단체와 함께 돈을 벌었던 이 세상의 상인들이 슬퍼하는 것을 볼 수 있습니다.

"땅의 상인들이 그를 위하여 울고 애통하는 것은 다시 그들의 상품을 사는 자가 없음이라 그 상품은 금과 은과 보석과 진주와 세마포와 자주 옷감과 비단과 붉은 옷감이요 각종 향목과 각종 상아 그릇이요 값진 나무와 구리와 철과 대리석으로 만든 각종 그릇이요 계피와 향료와 향과 향유와 유향과 포도주와 감람유와 고운 밀가루와 밀이요 소와 양과 말과 수레와 종들과 사람의 영혼들이라."

이 말씀을 보면 별별 장사를 다 했습니다. 이렇게 해서 치부

하게 된 것입니다.

요한계시록 17장 6a절을 보면 이 거짓 종교단체가 수많은 그리스도인들을 죽인 것도 말씀하고 있습니다.

"또 내가 보매 이 여자가 성도들의 피와 예수의 증인들의 피에 취한지라."

이 종교단체가 이미 이 땅에 뿌리를 내리고 있을 터인데 과연 어떤 종교단체일지 여러분 스스로 생각해 보시기 바랍니다. 제가 믿기에는 현재 로마에 본부가 있는 천주교와 밀접한 관계가 있습니다.

이 종교단체가 결국 어떻게 되는지 요한계시록 17장 16절을 보겠습니다.

"네가 본 바 이 열 뿔과 짐승은 음녀를 미워하여 망하게 하고 벌거벗게 하고 그의 살을 먹고 불로 아주 사르리라."

이 종교단체가 7년 대환난 기간 중에 신흥 로마 제국의 지도자들과 적그리스도로부터 미움을 받아 망하게 됩니다. 제 생각에는 7년 대환난 기간 중간시점에 이와 같은 일이 있지 않을까 생각됩니다. 중간 시점에 거짓 종교단체는 망하고 지도자인 거짓 선지자는 끝까지 남아서 적그리스도의 시녀 노릇을 하게 될 것입니다. 중간시점부터는 거짓 종교단체를 위해서 일하는 것이 아니라 적그리스도의 오른팔 내지는 시녀가 되어 적그리스도를 사람들에게 소개하고 사람들로 하여금 적그리스도를 따르게 하는 일을 하게 될 것입니다.

지금까지 적그리스도와 거짓 선지자에 대해서 말씀을 드렸습니다. 더 자세하게 설명 드리면 좋겠는데 성경에 이 정도 나와 있기 때문에 저도 이 정도 하는 것이 좋겠습니다. 누가 적그리스도가 될 것인지, 누가 거짓 선지자가 될 것인지 궁금하시지요?

저도 모릅니다. 그리고 우리와 상관도 없습니다.

적그리스도와 거짓 선지자는 7년 대환난이 시작되기 전부터 나타날 조짐이 있을 것입니다. 그러나 본격적으로 활동하는 것은 7년 대환난 기간 중입니다. 그 때 우리는 이 땅에 있지 않습니다. 공중에서 주님을 만나고 있을 것입니다.

적그리스도와 거짓 선지자가 출현할 날이 그렇게 멀지 않은 것은 분명합니다. 신흥 로마제국이 이미 이 땅에 섰습니다. 그곳에서 적그리스도가 나올 것입니다.

지금 이 세상에는 마귀 사탄의 영향이 얼마나 널리 퍼져 있습니까! 사탄을 숭배하는 사람들도 상당수 있습니다. 적그리스도가 숭배하게 될 신이 바로 마귀 사탄입니다. 이런 것을 볼 때 그 때가 얼마 남지 않은 것을 알 수 있습니다.

사랑하는 성도 여러분!

지금이 어느 때인지 분별하면서 주위에 있는 영혼들에게 복음을 전하시기 바랍니다. 예수님을 알지 못하는 영혼들을 주님께로 인도하시기 바랍니다.

여러분 중에 아직 예수님을 알지 못하는 분이 계십니까?

지금까지 말씀드린 것은 성경을 근거로 말씀드린 것입니다. 이 일은 언젠가 반드시 이루어질 것입니다. 성경에 기록된 것은 모두 다 이루어졌습니다. 아직 예수님을 믿지 않고 계시다면 늦기 전에 예수님을 구주로 영접하고 구원받아 함께 공중으로 들림 받을 수 있기를 간절히 바랍니다.

제5강
예수 그리스도의 지상 재림

마태복음 24:29-31

"그 날 환난 후에 즉시 해가 어두워지며 달이 빛을 내지 아니하며 별들이 하늘에서 떨어지며 하늘의 권능들이 흔들리리라 그 때에 인자의 징조가 하늘에서 보이겠고 그 때에 땅의 모든 족속들이 통곡하며 그들이 인자가 구름을 타고 능력과 큰 영광으로 오는 것을 보리라 그가 큰 나팔소리와 함께 천사들을 보내리니 그들이 그의 택하신 자들을 하늘 이 끝에서 저 끝까지 사방에서 모으리라."

예수님의 재림은 두 단계로 이루어집니다. 먼저는 공중으로 재림하시고, 7년 뒤에 지상으로 재림하십니다. 예수님께서 지상으로 내려오시면 7년 대환난도 막을 내리고, 적그리스도와 거짓 선지자의 활동도 멈추게 됩니다. 인간들에 의해 주도되어 온 인류 역사가 끝이 나면 예수님께서 직접 통치하시는 시대가 열립니다.

이 시간에는 마태복음 24장 29-31절을 중심으로 예수 그리스도의 지상 재림에 대해서 알아보겠습니다.

1. 능력과 영광 중에 오심

마태복음 24장 30절에 의하면 예수님은 '구름을 타고 능력과 큰 영광 중에' 오십니다.

"그 때에 인자의 징조가 하늘에서 보이겠고 그 때에 땅의 모든 족속들이 통곡하며 그들이 인자가 구름을 타고 능력과 큰 영광으로 오는 것을 보리라."

요한계시록 19장 11-16절은 이 상황에 대해 조금 더 구체적으로 보여줍니다.

"또 내가 하늘이 열린 것을 보니 보라 백마와 그것을 탄 자가 있으니 그 이름은 충신과 진실이라 그가 공의로 심판하며 싸우더라 그 눈은 불꽃 같고 그 머리에는 많은 관들이 있고 또 이름 쓴 것 하나가 있으니 자기밖에 아는 자가 없고 또 그가 피 뿌린 옷을 입었는데 그 이름은 하나님의 말씀이라 칭하더라 하늘에 있는 군대들이 희고 깨끗한 세마포 옷을 입고 백마를 타고 그를 따르더라 그의 입에서 예리한 검이 나오니 그것으로 만국을 치겠고 친히 그들을 철장으로 다스리며 또 친히 하나님 곧 전능하신 이의 맹렬한 진노의 포도주 틀을 밟겠고 그 옷과 그 다리에 이름을 쓴 것이 있으니 만왕의 왕이요 만주의 주라 하였더라."

이 말씀을 보면 예수님은 하늘에 있는 군대와 함께 백마를 타고 오신다고 했습니다. '하늘에 있는 군대' 는 예수님을 따르는 천사들을 말합니다(마 25:31). 천사들과 함께 공중으로 들림 받은 성도들도 내려옵니다. 성도들은 이 땅위의 천년왕국에서 주님과 함께하기 위해 내려오는 것입니다.

지상으로 재림하시는 예수님의 모습은 이천 년 전에 이 땅에 계셨을 때의 모습과는 다릅니다. 이천 년 전, 이 땅에 계셨을 때는 참으로 초라한 모습이었습니다. 그러나 다시 오실 때는 화려한 모습으로 오십니다. 이천 년 전, 이 땅에 계셨을 때는 동정어린 눈빛을 하고 계셨습니다. 그러나 다시 오실 때는 불꽃같은 눈으로 오십니다. 이천 년 전, 주님은 주로 걸어 다니셨습니다. 기껏 탄다고 해야 나귀를 타는 정도였습니다. 그러나 다시 오실 때는 백마를 타고 오십니다. 이천 년 전에는 머리에 가시 면류관을 쓰셨습니다. 그러나 다시 오실 때는 그 머리에 많은 면류관이 있습니다. 예수님께서 이 땅에 계셨을 때는 별 볼일 없어 보이는 제자들만 따라다녔습니다. 그러나 다시 오실 때는 백마를 탄 군대가 예수님을 따릅니다. 얼마나 대조적입니까!

예수님께서 다시 오실 때는 심판주로, '만왕의 왕'으로 오시기 때문에 이렇듯 전혀 다른 모습으로 오시는 것입니다. 예수님께서 다시 오실 그 모습을 상상하니 헨델의 '할렐루야' 합창이 생각나지 않습니까?

예수님께서 지상 재림하실 때는 천체와 지형에도 변화가 있을 것을 성경은 말씀합니다. 마태복음 24장 29절입니다.

"그 날 환난 후에 즉시 해가 어두워지며 달이 빛을 내지 아니하며 별들이 하늘에서 떨어지며 하늘의 권능들이 흔들리리라."

이 말씀 바로 뒤에 예수님께서 이 땅으로 내려오시는 장면이 묘사되어 있습니다(마 24:30-31). 예수님의 지상 재림은 그만큼 크고 위대한 일이기 때문에 하나님께서 이와 같은 천체와 지형의 변화가 있게 하시는 것입니다. 스가랴서 14장 4-5a절에는 그때 어떤 변화가 있을지 더 구체적으로 말씀하고 있습니다.

"그 날에 그의 발이 예루살렘 앞 곧 동쪽 감람 산에 서실 것이요 감람 산은 그 한 가운데가 동서로 갈라져 매우 큰 골짜기가 되어서 산 절반은 북으로, 절반은 남으로 옮기고 그 산 골짜기는

아셀까지 이를지라 너희가 그 산 골짜기로 도망하되 유다 왕 웃 시야 때에 지진을 피하여 도망하던 것 같이 하리라."

예수님께서 감람산으로 지상 재림하실 때 감람산에 큰 지형적인 변화가 있을 것을 말씀하고 있습니다. 감람산이 동서로 갈라져서 큰 골짜기가 생길 것이라고 했습니다.

스가랴서 14장 6-8절도 보겠습니다.

"그 날에는 빛이 없겠고 광명한 것들이 떠날 것이라 여호와께서 아시는 한 날이 있으리니 낮도 아니요 밤도 아니라 어두워 갈 때에 빛이 있으리로다 그 날에 생수가 예루살렘에서 솟아나서 절반은 동해로, 절반은 서해로 흐를 것이라 여름에도 겨울에도 그러하리라."

예루살렘에서 생수가 솟아나서 '절반은 동해로, 절반은 서해로' 흘러간다고 했습니다. 여기서 말하는 동해는 사해이고, 서해는 지중해입니다. 예루살렘에서 생수가 솟아나 큰 강을 이루어 두 바다로 흘러갈 것을 말씀하고 있습니다. 예수님께서 다시 오시는 사건이 너무나 크고 중대한 일이기 때문에 천체에도 이상이 있고, 지구 지형에도 큰 변화가 있는 것입니다. 예수님께서 이 땅으로 다시 오실 때는 아무도 그 사실을 모르는 사람이 없을 것입니다. 살아 있는 모든 사람이 알게 될 것입니다.

성경에 이렇게 명백한 말씀이 있는데도 자기가 재림 예수라고 주장하는 사람들이 있으니 이해할 수 없습니다. 예수님께서 다시 오실 때는 여자의 몸을 통해서 오시는 것이 아닙니다. 구름을 타시고 감람산으로 오십니다. 천체와 지형에도 엄청난 변화가 있습니다. 그런데도 자기가 재림 예수라고 말하는 사람들이 있고, 그들을 따르는 사람들이 있으니 정말 이해할 수 없는 일입니다. 예수님께서 다시 오실 때는 모든 사람들이 다 알게 될 것입니다.

"번개가 동편에서 나서 서편까지 번쩍임 같이 인자의 임함도 그러하리라"(마 24:27).

하늘에서 번개가 번쩍하면 모든 사람이 알 수 있는 것처럼 예수님께서 다시 오실 때도 모든 사람이 다 알게 될 것이라는 말씀입니다. 예수님은 구름을 타시고 모든 사람이 보는 가운데 능력과 큰 영광으로 다시 오십니다.

2. 적그리스도와 그의 추종자들을 멸하심

예수님께서 이 땅에 내려오시면 적그리스도와 그의 추종자들을 멸하십니다. 마태복음 24장 30절입니다.

"그 때에 인자의 징조가 하늘에서 보이겠고 그 때에 땅의 모든 족속들이 통곡하며 그들이 인자가 구름을 타고 능력과 큰 영광으로 오는 것을 보리라."

예수님께서 지상으로 재림하실 때 '땅의 모든 족속들이 통곡' 한다고 했습니다. '모든 족속'은 7년 대환난 기간 중에 하나님을 대적하고 적그리스도를 추종하던 사람들을 말합니다. 그들은 자신들의 멸망이 임박한 것을 깨닫고 가슴을 치고 한탄하게 될 것입니다. 비슷한 말씀이 요한계시록 1장 7절에도 있습니다.

"볼지어다 그가 구름을 타고 오시리라 각 사람의 눈이 그를 보겠고 그를 찌른 자들도 볼 것이요 땅에 있는 모든 족속이 그로 말미암아 애곡하리니 그러하리라 아멘."

이 말씀에도 '땅에 있는 모든 족속이 그로 말미암아 애곡' 한다고 했는데, 예수님 믿기를 거부하며 적그리스도를 추종하던 사람들이 자신들의 멸망을 바라보면서 애곡하는 것입니다.

이들의 최후가 어떠한지 요한계시록 19장 19-21절을 보겠습니다.

"또 내가 보매 그 짐승과 땅의 임금들과 그들의 군대들이 모여 그 말 탄 자와 그의 군대와 더불어 전쟁을 일으키다가 짐승이 잡히고 그 앞에서 표적을 행하던 거짓 선지자도 함께 잡혔으니 이는 짐승의 표를 받고 그의 우상에게 경배하던 자들을 표적으로 미혹하던 자라 이 둘이 산 채로 유황불 붙는 못에 던져지고 그 나머지는 말 탄 자의 입으로부터 나오는 검에 죽으매 모든 새가 그들의 살로 배불리더라."

예수님께서 지상으로 재림하셔서 적그리스도와 그를 따르던 사람들을 진멸시키는 내용입니다. 적그리스도의 군대가 어떻게 진멸당합니까? 그리스도의 입에서 나오는 검(劍)으로 다 죽게 된다고 말씀하고 있습니다. 여기서 말씀하는 검은 실제적인 검이 아니라 상징적인 표현입니다. 그리스도의 입에서 나오는 말씀의 검으로 진멸당하는 것을 뜻합니다.

그리고 적그리스도와 거짓 선지자는 산 채로 유황 불못에 던져진다고 했습니다. 산 채로 지옥 불에 던져진다는 것은 이들에 대한 하나님의 진노가 얼마나 큰가를 잘 보여줍니다. 구약성경에 보면 죽음을 맛보지 않고 산 채로 하늘나라로 간 사람들이 있습니다. 에녹과 엘리야가 그들입니다. 왜 하나님이 그들을 그렇게 선대해 주셨는가 하면 그들을 귀하게 보셨기 때문입니다. 그들에게 최고의 대우를 해주는 차원에서 그렇게 하신 것입니다. 죽음의 단계를 건너뛰어 산 채로 지옥 불에 던진다는 것은 그 반대의 개념으로 최악의 대우를 그들에게 해주시는 것입니다.

성경을 잘 보면 '음부'라는 곳도 있는데 음부는 불못과는 다른 곳입니다. 누가복음 16장에 나오는 '부자와 거지 나사로' 이야기에서 부자가 죽어서 간 곳이 음부입니다. 음부와 불못이 다른 곳이라는 것은 요한계시록 20장 13-14절을 보면 알 수 있습니다.

"바다가 그 가운데에서 죽은 자들을 내주고 또 사망과 음부도 그 가운데에서 죽은 자들을 내주매 각 사람이 자기의 행위대로 심판을 받고 사망과 음부도 불못에 던져지니 이것은 둘째 사

망 곧 불못이라."

이 말씀에는 '음부'도 나오고 '불못'도 나옵니다. '음부'가 결국 어디에 던져집니까? '불못'에 던져집니다. 예수님을 믿지 않고 죽은 사람들이 가는 곳이 음부인데 이 음부가 나중에 통째로 불못에 던져지게 됩니다. 그래서 불못과 음부는 성격은 같지만 서로 다른 곳임을 알 수 있습니다. '지옥'은 이 두 곳을 정확하게 구별하지 않고 일반적으로 쓰는 말이라 할 수 있습니다.

적그리스도와 거짓 선지자는 불못에 들어갈 첫 번째 사람들입니다.

마귀 사탄은 그리스도께서 잡아 무저갱에 가두게 됩니다. 요한계시록 20장 1-3절입니다.

"또 내가 보매 천사가 무저갱의 열쇠와 큰 쇠사슬을 그의 손에 가지고 하늘로부터 내려와서 용을 잡으니 곧 옛 뱀이요 마귀요 사탄이라 잡아서 천 년 동안 결박하여 무저갱에 던져 넣어 잠그고 그 위에 인봉하여 천 년이 차도록 다시는 만국을 미혹하지 못하게 하였는데 그 후에는 반드시 잠깐 놓이리라."

마귀 사탄은 적그리스도와 거짓 선지자의 배후 조종자입니다. 사탄은 그리스도에 의해 결박당하고 '무저갱'(無低坑, bottomless pit)이라는 감옥에 갇히게 됩니다. 그리고 천 년이 지난 후에 결국 지옥 불못에 던져지게 됩니다.

3. 그의 백성들을 모으심

예수님께서 이 땅에 오시면 그의 백성들을 모으십니다. 마태복음 24장 31절입니다.

"그가 큰 나팔소리와 함께 천사들을 보내리니 그들이 그의 택하신 자들을 하늘 이 끝에서 저 끝까지 사방에서 모으리라."

'그의 택하신 자들을 하늘 이 끝에서 저 끝까지 사방에서' 모은다고 했습니다. '그의 택하신 자들'은 7년 대환난 기간 중에 구원받고 죽지 않고 살아남은 자들입니다. 그들은 적그리스도의 핍박을 피해 도망 다니며 숨어 살았습니다. 그러나 이제는 더 이상 그럴 필요가 없습니다. 적그리스도는 불못에 던져졌고, 예수님께서 그들을 불러 모으시기 때문입니다.

그러면 7년 대환난 기간 중에 구원받고 순교당한 사람들은 어떻게 될까요?

예수님께서 지상으로 재림하실 때 부활하게 됩니다. 요한계시록 20장 4a-6절입니다.

"또 내가 보니 예수를 증언함과 하나님의 말씀 때문에 목 베임을 당한 자들의 영혼들과 또 짐승과 그의 우상에게 경배하지 아니하고 그들의 이마와 손에 그의 표를 받지 아니한 자들이 살아서 그리스도와 더불어 천 년 동안 왕 노릇 하니 (그 나머지 죽은 자들은 그 천 년이 차기까지 살지 못하더라) 이는 첫째 부활이라 이 첫째 부활에 참여하는 자들은 복이 있고 거룩하도다 둘

째 사망이 그들을 다스리는 권세가 없고 도리어 그들이 하나님과 그리스도의 제사장이 되어 천 년 동안 그리스도와 더불어 왕 노릇 하리라."

이 말씀을 보면 7년 대환난 기간 중에 죽은 사람들이 다시 살아나 천년왕국에 들어간다고 했습니다. 언제 그렇게 되는가 하면 예수님께서 지상으로 재림하실 때 그렇게 됩니다. 그런데 이들의 부활을 '첫째 부활' 이라고 했습니다. 순서상으로 보면 이들의 부활이 첫째가 아닙니다. 이들의 부활이 있기 7년 전에 그리스도 안에서 죽은 자들이 부활하여 공중으로 들림 받았습니다. 그런데 왜 성경은 이들의 부활을 첫째 부활이라고 했을까요?

그것은 시간의 순서가 아닌 성격의 종류로 분류해서 그런 것입니다. 성경에서는 시간의 순서에 관계없이 그리스도 안에서 죽은 사람들, 성도들의 부활을 '첫째 부활' 이라 합니다.

첫째 부활이 있으면 둘째 부활도 있어야겠지요? 그런데 성경에 둘째 부활은 없습니다. 굳이 말하자면 불신자들이 심판받기 위해서 부활하는 것을 그렇게 말할 수 있겠지요. 그런데 성경에서는 그 부활을 둘째 부활이라 하지 않고, '둘째 사망' 이라고 합니다(계 20:6, 13-14). 왜냐하면 그들이 다시 살기는 살지만 곧 영원한 불못에 던져지기 때문입니다. 지옥 불못에서 사는 것은 살아도 사는 것이 아닙니다.

예수님께서 지상 재림하시면 7년 대환난 기간 중에 구원받고 살아남은 사람들과 7년 대환난 기간 중에 구원받고 죽은 사람들을 살려내어 모으십니다.

또 한 부류의 사람들을 주님께서 부활시켜 주시는데 그들은 구약시대 성도들입니다. 구약시대 성도들도 예수님께서 지상으로 재림하실 때 부활하게 됩니다. 신약시대 성도들은 예수님께서 공중 재림하실 때 부활하는 것을 이미 말씀드렸습니다(제1강 참조). 구약시대 성도들은 공중 재림이 아닌 예수님의 지상 재림 시에 다시 살아나게 됩니다. 다니엘서 12장 1-2절이 그것을 말씀하고 있습니다.

"그 때에 네 민족을 호위하는 큰 군주 미가엘이 일어날 것이요 또 환난이 있으리니 이는 개국 이래로 그 때까지 없던 환난일 것이며 그 때에 네 백성 중 책에 기록된 모든 자가 구원을 받을 것이라 땅의 티끌 가운데에서 자는 자 중에서 많은 사람이 깨어나 영생을 받는 자도 있겠고 수치를 당하여서 영원히 부끄러움을 당할 자도 있을 것이며."

이 말씀은 7년 대환난과 그 후에 있을 부활에 대한 말씀입니다. 다니엘서 12장 11-13절을 보면 더 자세히 알 수 있습니다.

"매일 드리는 제사를 폐하며 멸망하게 할 가증한 것을 세울 때부터 천이백구십 일을 지낼 것이요 기다려서 천삼백삼십오 일까지 이르는 그 사람은 복이 있으리라 너는 가서 마지막을 기다리라 이는 네가 평안히 쉬다가 끝날에는 네 몫을 누릴 것임이

라."

다니엘에게 "너는 가서 마지막을 기다리라 이는 네가 평안히 쉬다가 끝날에는 네 몫을 누릴 것임이라"라고 말씀하셨습니다. 이 말씀을 통하여 우리는 다니엘뿐 아니라 구약의 모든 성도들이 언젠가는 부활할 것을 압니다. 언제 부활하는가 하면 예수님께서 이 땅에 재림하시고 천년왕국이 이 땅에서 시작되기 전에 부활합니다.

이 말씀을 좀 더 자세히 살펴보겠습니다. 11절에 "매일 드리는 제사를 폐하며 멸망하게 할 가증한 것을 세울 때부터 천이백구십 일을 지낼 것"이라고 했습니다. 이것은 적그리스도가 7년 대환난 중간 시점에 성전에 자기의 우상을 세우고 사람들로 하여금 자기를 경배하게 만드는 사건을 예언한 내용입니다. 그런데 그 기간이 1,290일이라고 했습니다. 제3강에서 후반 3년 반에 해당되는 기간이 날수로는 며칠이었습니까? 1,290일이 아니고 1,260일이었습니다(계 11:3, 12:6). 그런데 여기서는 1,290일을 말하고 있고, 그 다음 12절을 보면 1,335일을 말하고 있습니다. 7년 대환난이 끝나고 난 뒤, 75일이라는 어떤 특별한 기간이 있는 것을 말하고 있습니다. 이 기간에 무슨 일이 있을 것인지 정확하게 알 수 없지만 이 기간 중에 예수님께서 지상 재림하셔서 살아남은 사람들을 모으시고, 7년 대환난 기간 중에 죽은 사람들을 부활시키시며, 구약시대 때 죽은 성도들을 부활시키는 일을 하시지 않을까 생각됩니다. 또한 이 기간 중에 유대인에 대한 심판과 이방인에 대한 심판도 있을 것으로 생각됩니다. 마태복음 25장 31-46절을 보겠습니다.

"인자가 자기 영광으로 모든 천사와 함께 올 때에 자기 영광의 보좌에 앉으리니 모든 민족을 그 앞에 모으고 각각 구분하기를 목자가 양과 염소를 구분하는 것 같이 하여 양은 그 오른편에 염소는 왼편에 두리라 그 때에 임금이 그 오른편에 있는 자들에게 이르시되 내 아버지께 복 받을 자들이여 나아와 창세로부터 너희를 위하여 예비된 나라를 상속받으라 내가 주릴 때에 너희가 먹을 것을 주었고 목마를 때에 마시게 하였고 나그네 되었을 때에 영접하였고 헐벗었을 때에 옷을 입혔고 병들었을 때에 돌보았고 옥에 갇혔을 때에 와서 보았느니라 이에 의인들이 대답하여 이르되 주여 우리가 어느 때에 주께서 주리신 것을 보고 음식을 대접하였으며 목마르신 것을 보고 마시게 하였나이까 어느 때에 나그네 되신 것을 보고 영접하였으며 헐벗으신 것을 보고 옷 입혔나이까 어느 때에 병드신 것이나 옥에 갇히신 것을 보고 가서 뵈었나이까 하리니 임금이 대답하여 이르시되 내가 진실로 너희에게 이르노니 너희가 여기 내 형제 중에 지극히 작은 자 하나에게 한 것이 곧 내게 한 것이니라 하시고 또 왼편에 있는 자들에게 이르시되 저주를 받은 자들아 나를 떠나 마귀와 그 사자들을 위하여 예비된 영원한 불에 들어가라 내가 주릴 때에 너희가 먹을 것을 주지 아니하였고 목마를 때에 마시게 하지 아니하였고 나그네 되었을 때에 영접하지 아니하였고 헐벗었을 때에 옷 입히지 아니하였고 병들었을 때와 옥에 갇혔을 때에 돌보지 아니하였느니라 하시니 그들도 대답하여 이르되 주여 우리가 어느 때에 주께서 주리신 것이나 목마르신 것이나 나그네 되신 것이나 헐벗으신 것이나 병드신 것이나 옥에 갇히신 것을 보고 공양하지 아니하더이까 이에 임금이 대답하여 이르시되 내가 진실로 너희에게 이르노니 이 지극히 작은 자 하나에게 하지 아니한 것이 곧 내게 하지 아니한 것이니라 하시리니 그들은 영벌에, 의인들은 영생에 들어가리라 하시니라."

이 말씀은 예수님께서 재림하셔서 '모든 민족'을 그 앞에 모아놓고 심판하시는 내용입니다. '모든 민족'은 예수님께서 재림하실 때 살아 있을 모든 이방사람들을 말합니다. 7년 대환난이 끝난 뒤에 그들을 불러놓고 심판을 하시는데 심판의 기준은 유대인들에 대한 그들의 태도입니다. 단순히 외형적으로 나타난 태도를 보는 것이 아니라, 예수님께 대한 태도가 유대인들에게 어떻게 나타났는가를 보는 것입니다. 구원받은 이방인들은 적그리스도를 피해 도망 다니는 구원받은 유대인들을 선대해 줄 것입니다. 그러나 믿지 않는 이방인들은 그들을 외면하고 핍박할 것입니다. 그리스도에 대한 믿음이 있느냐 없느냐에 따라 그들을 대하는 태도가 다를 것입니다.

이것도 예수님께서 재림하신 후 천년왕국이 시작되기 전에 일어날 일이라고 생각됩니다. 이 심판의 결과에 따라 믿지 않는 사람들은 영벌(永罰)에, 믿는 사람들은 영생(永生)에 들어가게 됩니다(48절).

유대인들에 대한 심판은 에스겔서 20장 33-38절에 나옵니다. "주 여호와의 말씀이니라 내가 나의 삶을 두고 맹세하노니 내가 능한 손과 편 팔로 분노를 쏟아 너희를 반드시 다스릴지라 능한 손과 편 팔로 분노를 쏟아 너희를 여러 나라에서 나오게 하며 너희의 흩어진 여러 지방에서 모아내고 너희를 인도하여 여러 나라 광야에 이르러 거기에서 너희를 대면하여 심판하되 내가 애굽 땅 광야에서 너희 조상들을 심판한 것 같이 너희를 심판하리라 주 여호와의 말씀이니라 내가 너희를 막대기 아래로 지나가게 하며 언약의 줄로 매려니와 너희 가운데에서 반역하는 자와 내게 범죄하는 자를 모두 제하여 버릴지라 그들을 그 머물러 살던 땅에서는 나오게 하여도 이스라엘 땅에는 들어가지 못하게 하리니 너희가 나는 여호와인 줄을 알리라."

이 말씀은 7년 대환난 후에 있게 될 유대인들에 대한 심판을 기록한 내용입니다. 7년 대환난 후까지 살아 있는 유대인들도 예수님 앞에서 심판을 받게 됩니다.

예수님은 언젠가 반드시 능력과 영광중에 다시 오십니다. 오셔서 적그리스도와 그의 추종자들을 멸하실 것이며 그의 백성들을 모으실 것입니다.

이 일이 멀게 느껴지십니까?

이 일은 그렇게 먼 일이 아닙니다. 예수님께서 오늘이라도 공중에 재림하시면 7년 뒤에도 일어날 수 있는 일입니다. 그러므로 이 일은 결코 먼 일이 아닙니다.

예수님께서 지상 재림하실 때, 구원받아 들림 받은 성도들도 주님과 함께 이 땅으로 내려올 것입니다. 그리고 천년왕국에서 주님과 함께 왕 노릇할 것입니다. 그러므로 예수님을 믿는 사람들은 예수님께서 다시 오실 그 날을 손꼽아 기다립니다.

여러분은 예수님을 믿고 계십니까? 구원받은 체험이 있습니까?

구원받지 못하셨다면 예수님을 믿고 구원받으시기 바랍니다. 예수님은 언젠가 반드시 다시 오십니다. 예수님께서 공중으로 재림하시면 믿는 사람들은 공중으로 들림 받습니다. 그러나 믿지 않는 사람들은 이 땅에 남아서 7년 대환난이라는 무서운 환난을 겪어야 하고, 예수님께서 이 땅에 내려오시면 심판을 받고 영원한 지옥 불못에 던져지게 됩니다.

그런 일이 여러분에게 일어난다면 그보다 더 큰 비극은 없습니다. 오늘 예수님을 믿으시고 구원받으셔서 예수님께서 다시 오실 때 공중으로 들림 받을 수 있기를 바랍니다.

제6강
천년왕국

요한계시록 20:4-6

"또 내가 보좌들을 보니 거기에 앉은 자들이 있어 심판하는 권세를 받았더라 또 내가 보니 예수를 증언함과 하나님의 말씀 때문에 목 베임을 당한 자들의 영혼들과 또 짐승과 그의 우상에게 경배하지 아니하고 그들의 이마와 손에 그의 표를 받지 아니한 자들이 살아서 그리스도와 더불어 천 년 동안 왕 노릇 하니 (그 나머지 죽은 자들은 그 천 년이 차기까지 살지 못하더라) 이는 첫째 부활이라 이 첫째 부활에 참여하는 자들은 복이 있고 거룩하도다 둘째 사망이 그들을 다스리는 권세가 없고 도리어 그들이 하나님과 그리스도의 제사장이 되어 천 년 동안 그리스도와 더불어 왕 노릇 하리라."

예수님께서 지상으로 재림하시면 인간들에 의해 주도되어온 인류 역사는 끝이 납니다. 그리고 그 이후부터는 예수님께서 직접 통치하십니다. 요한계시록 20장 4-6절을 보면 예수님께서 지상으로 재림하시면 예수님을 믿는 사람들은 예수님과 함께 '천 년 동안 왕 노릇' 한다고 했습니다. 천 년 동안 왕 노릇 하는 이 기간을 '천년왕국'이라고 합니다.

천년왕국이 시작되면 인간들이 오랫동안 꿈꾸어온 유토피아, 즉 이상적인 나라가 이 땅 위에 실현됩니다. 지금까지 인간들은 유토피아 건설을 위해 많은 노력을 해왔습니다. 그러나 그 어느 누구도 그것을 이루어내지 못했습니다. 앞으로도 인간의 힘으로는 절대로 이루지 못할 것입니다. 범죄는 더 늘어날 것이고 기근과 질병 등 문제는 더 많아질 것입니다. 그러나 주님께서 직접 다스리시는 천년왕국에서는 유토피아가 실현될 것입니다.

천년왕국에 대해서는 성경 이사야서에서 많은 말씀을 하고 있습니다. 천년왕국에 대해서 성경은 무엇을 말하고 있는지 알아보겠습니다.

1. 거주자

먼저 생각해 볼 것은 천년왕국에 누가 들어갈 것인가, 천년왕국의 거주자는 누가 될 것인가 하는 것입니다. 요한계시록 20장 4절을 보면 어떤 한 무리가 들어갈 것을 말씀하고 있는데, 7년 대환난 기간 중에 순교 당했다가 예수님께서 재림하실 때 다시 살아날 성도들입니다. 이들은 7년 대환난 기간 중에 구원받은 사람들입니다. 적그리스도에 의해 죽임을 당하지만 예수님께서 다시 오실 때 부활할 사람들입니다.

또 누가 천년왕국에 들어가는가 하면 7년 대환난 기간 중에 순교당한 사람들과 비슷한 시기에 부활할 구약시대 성도들이 들어갑니다. 구약시대 성도들은 예수님께서 지상 재림하시고, 천년왕국이 시작되기 전에 부활할 것이라고 이미 말씀드렸습니다(제5강 참조). 그러므로 구약시대 성도들도 천년왕국에 들어가게 됩니다.

또한 교회시대의 모든 성도가 들어가게 됩니다. 교회시대의 성도들은 예수님께서 공중으로 재림하실 때 휴거됩니다. 휴거된 후 7년 동안 공중에서 주님과 함께 지내다가 예수님께서 이 땅으로 내려오실 때 예수님과 함께 내려오게 됩니다. 그래서 교회시대의 모든 성도도 천년왕국에 들어가게 됩니다.

그리고 7년 대환난 기간 중에 살아서 주님을 만날 모든 사람이 천년왕국에 들어가게 됩니다. 예수님께서 이 땅에 내려오실 때 살아 있는 사람들 중에 예수님을 믿고 구원받은 사람들이 있습니다. 7년 대환난 기간 중에 은혜로 예수님을 믿게 된 사람들입니다. 상당수의 사람들이 죽임을 당하지만 용케 살아남을 사람도 있습니다. 이 사람들은 살아 있는 상태에서 예수님의 재림을 맞게 되고, 함께 천년왕국에 들어가게 됩니다.

지금까지 말씀드린 것을 종합하면 인류역사를 통해 구원받은 모든 사람이 천년왕국에 들어가게 됩니다. 그러므로 천년왕국이 시작될 때는 그 곳에 믿지 않는 사람이 한 사람도 없습니다. 이미 변화 받은 몸을 입은 성도들, 부활한 성도들 그리고 구원받은 성도들만 들어가기 때문입니다. 불신자들의 심판에 대해서는 이미 살펴보았습니다(제5강 참조). 마태복음 25장 31-46절을 통하여 예수님께서 재림하실 때 이 땅에 남아 있는 이방사람들이 예수 그리스도 앞에서 심판받는 것과 그 심판의 결과에 따라 믿지 않는 자들은 영원한 불못에 던져지는 것을 보았습니다. 마태복음 25장 31-33절에 그런 말씀이 있었습니다.

"인자가 자기 영광으로 모든 천사와 함께 올 때에 자기 영광의 보좌에 앉으리니 모든 민족을 그 앞에 모으고 각각 구분하기를 목자가 양과 염소를 구분하는 것 같이 하여 양은 그 오른편에

염소는 왼편에 두리라."

이 말씀이 예수님께서 이 땅으로 재림하셔서 모든 이방 민족을 심판하시는 내용입니다. 이 말씀을 보면 예수님께서 양과 염소를 분류하는 것처럼 사람들을 분류하십니다. 이 심판의 결과에 따라 염소에 해당되는 자들, 즉 믿지 않는 이방사람들은 영원한 불못에 던져지게 됩니다(마 25:41).

천년왕국이 이 땅에서 시작될 때는 믿지 않던 사람들은 이미 심판을 받았습니다. 구원받지 않고 죽은 사람들은 천 년이 차기까지 부활하지 못한다고 요한계시록 20장 5절에서 말씀하고 있습니다. 그러므로 천년왕국이 시작될 때는 믿지 않는 사람은 한 사람도 없다는 것을 먼저 이해해야 합니다. 그러나 나중에는 믿지 않는 사람들이 생겨나게 됩니다. 천년왕국 기간 중에는 변화된 몸을 가진 성도들도 그곳에 있고, 변화 받지 못하고 살아서 예수님을 만난 성도들도 그곳에 있게 됩니다. 그 사람들을 통하여 계속 자식들이 생겨납니다. 그 자식들 중에 어떤 사람들은 예수님을 믿어 구원받고, 어떤 사람들은 예수님을 믿지 않아 구원받지 못하는 것을 성경은 말씀합니다. 여기에 대해서는 나중에 좀 더 자세히 살펴보겠습니다. 다시 한 번 말씀 드리지만 천년왕국이 시작될 때는 모두가 다 믿는 사람들입니다.

그런데 천년왕국은 참 묘한 세상입니다. 거기에는 부활해서 변화된 몸을 가진 성도들도 있고, 지금 우리의 몸과 똑같은 몸을 가진 사람들도 있습니다. 변화된 몸을 가진 성도들의 수는 시간이 가도 변함이 없습니다. 왜냐하면 늙지도 않고, 죽지도 않고, 시집 장가도 가지 않는 몸이기 때문입니다. 그러나 지금 우리의 몸과 똑같은 몸을 가진 사람들의 수는 점점 늘어날 것입니다. 그들은 결혼도 하고 자식도 낳을 것이기 때문입니다. 그리고 인구 증가율은 지금 이 세상의 인구증가율보다 훨씬 더 높습니다. 왜냐하면 천년왕국이라는 좋은 환경에서 살고 있고, 하나님께서 그들에게 건강과 장수의 복을 주시기 때문에 죽는 사람들은 몇 안 될 것이고 대다수가 장수할 것입니다. 그래서 그 수는 점점 늘어날 것입니다.

2. 자연환경

천년왕국의 자연환경은 한 마디로 에덴동산과 아주 흡사합니다. 이사야 51장 3절을 보겠습니다.

"나 여호와가 시온의 모든 황폐한 곳들을 위로하여 그 사막을 에덴 같게, 그 광야를 여호와의 동산 같게 하였나니 그 가운데에 기뻐함과 즐거워함과 감사함과 창화하는 소리가 있으리라."

이 말씀은 천년왕국을 묘사하는 말씀인데 천년왕국의 자연환경은 에덴동산 같고 여호와의 동산 같다고 했습니다. 에덴동산이 얼마나 아름답고 좋은 곳이었습니까! 에덴동산과 같은 곳에서 사람들이 천 년 동안 살게 될 것입니다.

이 말씀은 시온, 즉 이스라엘이 에덴동산 같이 될 것이라는 말씀입니다. 그러나 이스라엘뿐 아니라 구원받은 성도들이 살게 될 모든 곳이 다 에덴동산과 같을 것을 저는 믿습니다.

이사야 35장 1-2절은 황무지가 옥토로 변할 것을 말씀합니다.

"광야와 메마른 땅이 기뻐하며 사막이 백합화 같이 피어 즐거워하며 무성하게 피어 기쁜 노래로 즐거워하며 레바논의 영광과 갈멜과 사론의 아름다움을 얻을 것이라 그것들이 여호와의 영광 곧 우리 하나님의 아름다움을 보리로다."

이스라엘에는 '광야와 메마른 땅'이 많습니다. 그러나 천년왕국 기간에는 그런 땅들이 살아날 것입니다. 이스라엘뿐 아니라 성도들이 살 모든 땅이 살아날 것입니다.

황무지가 옥토로 변하려면 물이 있어야 합니다. 물 없이는 이런 현상이 일어날 수 없습니다. 에덴동산에도 강이 흐른 것이 성경에 기록되어 있습니다. 지금도 중동지방은 물이 귀합니다. 그러나 그날에는 많은 물이 생겨날 것입니다.

제5강에서 예수님의 발이 감람산에 이를 때 여러 가지 변화가 있을 것을 말씀드리면서 예루살렘에서 생수가 솟아날 것을 말씀드렸습니다. 스가랴 14장 8절에 그 말씀이 있습니다.

"그 날에 생수가 예루살렘에서 솟아나서 절반은 동해로, 절

반은 서해로 흐를 것이라 여름에도 겨울에도 그러하리라."

이 말씀을 잘 보면 예수님께서 지상 재림하실 때 생수가 예루살렘에서 솟아나서 절반은 서쪽으로 흘러 지중해로 들어가고, 절반은 동쪽으로 흘러 사해로 들어갈 것을 말씀합니다. 그래서 많은 물이 생겨납니다.

에스겔서 47장 1-12절도 보겠습니다.

"그가 나를 데리고 성전 문에 이르시니 성전의 앞면이 동쪽을 향하였는데 그 문지방 밑에서 물이 나와 동쪽으로 흐르다가 성전 오른쪽 제단 남쪽으로 흘러 내리더라 그가 또 나를 데리고 북문으로 나가서 바깥 길로 꺾여 동쪽을 향한 바깥 문에 이르시기로 본즉 물이 그 오른쪽에서 스며 나오더라 그 사람이 손에 줄을 잡고 동쪽으로 나아가며 천 척을 측량한 후에 내게 그 물을 건너게 하시니 물이 발목에 오르더니 다시 천 척을 측량하고 내게 물을 건너게 하시니 물이 무릎에 오르고 다시 천 척을 측량하고 내게 물을 건너게 하시니 물이 허리에 오르고 다시 천 척을 측량하시니 물이 내가 건너지 못할 강이 된지라 그 물이 가득하여 헤엄칠 만한 물이요 사람이 능히 건너지 못할 강이더라 그가 내게 이르시되 인자야 네가 이것을 보았느냐 하시고 나를 인도하여 강 가로 돌아가게 하시기로 내가 돌아가니 강 좌우편에 나무가 심히 많더라 그가 내게 이르시되 이 물이 동쪽으로 향하여 흘러 아라바로 내려가서 바다에 이르리니 이 흘러내리는 물로 그 바다의 물이 되살아나리라 이 강물이 이르는 곳마다 번성하는 모든 생물이 살고 또 고기가 심히 많으리니 이 물이 흘러 들어가므로 바닷물이 되살아나겠고 이 강이 이르는 각처에 모든 것이 살 것이며 또 이 강 가에 어부가 설 것이니 엔게디에서부터 에네글라임까지 그물 치는 곳이 될 것이라 그 고기가 각기 종류를 따라 큰 바다의 고기 같이 심히 많으려니와 그 진펄과 개펄은 되살아나지 못하고 소금 땅이 될 것이며 강 좌우 가에는 각종 먹을 과실나무가 자라서 그 잎이 시들지 아니하며 열매가 끊이지 아니하고 달마다 새 열매를 맺으리니 그 물이 성소를 통하여 나옴이라 그 열매는 먹을 만하고 그 잎사귀는 약 재료가 되리라.”

천년왕국에 있게 될 성전에서 물이 흘러나와 큰 강을 이룰 것을 말씀한 내용입니다. 천 척을 가서 물의 깊이를 재어보니 발목까지 찼다고 했습니다. 천 척은 500미터 정도 됩니다. 천 척을 더 가서 물의 깊이를 재어보니 무릎까지 찼습니다. 그 다음에는 허리, 그 다음에는 큰 강이 되었다고 했습니다. 어떤 분들은 이 말씀을 상징적으로 해석하는데 이 말씀은 상징이 아니라 실제로 그렇게 될 것을 말씀한 내용입니다. 이런 일이 실제로 예루살렘에서 일어날 것입니다. 이 물 때문에 사해가 살아날 것입니다. 지금 사해는 생물이 살 수 없는 죽은 바다입니다. 염도가 너무 높기 때문에 어떤 생물도 살 수 없습니다. 그러나 천년왕국 때는 사해도 다시 살아날 것입니다. 에스겔 47장 9-12절입니다.

“이 강물이 이르는 곳마다 번성하는 모든 생물이 살고 또 고기가 심히 많으리니 이 물이 흘러 들어가므로 바닷물이 되살아나겠고 이 강이 이르는 각처에 모든 것이 살 것이며 또 이 강 가에 어부가 설 것이니 엔게디에서부터 에네글라임까지 그물 치는 곳이 될 것이라 그 고기가 각기 종류를 따라 큰 바다의 고기 같이 심히 많으려니와 그 진펄과 개펄은 되살아나지 못하고 소금 땅이 될 것이며 강 좌우 가에는 각종 먹을 과실나무가 자라서 그 잎이 시들지 아니하며 열매가 끊이지 아니하고 달마다 새 열매를 맺으리니 그 물이 성소를 통하여 나옴이라 그 열매는 먹을 만하고 그 잎사귀는 약 재료가 되리라."

이 말씀에 의하면 이 강 때문에 사해가 살아나고 그 물에서 고기가 뛰어놀고 어부들이 고기를 잡고 그 주위에는 과일나무들이 자랍니다. 그러나 사해의 모든 부분이 다 살아나는 것은 아니고, 11절을 보면 진펄과 개펄은 그대로 있겠다고 말씀합니다.

또한 하나님께서 비도 적절하게 내려주십니다. 오늘날 중동 지방은 강우량이 굉장히 적습니다. 그러나 천년왕국 때는 하나님께서 비도 적절하게 주십니다. 에스겔 34장 26절에 그런 말씀이 있습니다.

"내가 그들에게 복을 내리고 내 산 사방에 복을 내리며 때를 따라 소낙비를 내리되 복된 소낙비를 내리리라."

얼마나 좋습니까! 모든 수목이 생기를 되찾고 살아날 것입니다. 이뿐만이 아닙니다. 사나운 짐승들도 온순해질 것을 성경은 말씀하고 있습니다. 이사야 11장 6-8절입니다.

"그 때에 이리가 어린 양과 함께 살며 표범이 어린 염소와 함

께 누우며 송아지와 어린 사자와 살진 짐승이 함께 있어 어린 아
기에게 끌리며 암소와 곰이 함께 먹으며 그것들의 새끼가 함께
엎드리며 사자가 소처럼 풀을 먹을 것이며 젖 먹는 아이가 독사
의 구멍에서 장난하며 젖 뗀 어린 아이가 독사의 굴에 손을 넣을
것이라."

놀라운 일 아닙니까? 무서운 짐승들이 그때는 다 온순해집니
다. 에덴동산에서도 아마 그랬을 것입니다. 사자나 호랑이가 처
음부터 사나웠던 것은 아닙니다. 동물들이 사납게 된 것은 사람
이 범죄함으로 함께 저주를 받았기 때문입니다. 그래서 땅도 가
시덤불과 엉겅퀴를 내고 짐승들도 사납게 된 것입니다. 그러나
천년왕국에서는 하나님께서 이 모든 것을 회복시켜 주셔서 사
나운 동물들도 온순해집니다. 그때는 따로 동물원에 갈 필요가
없습니다. 사자도 집에서 기를 수 있고, 아이들과 같이 놀 수도
있습니다.

이사야 65장 25절도 보겠습니다.

"이리와 어린 양이 함께 먹을 것이며 사자가 소처럼 짚을 먹
을 것이며 뱀은 흙을 양식으로 삼을 것이니 나의 성산에서는 해
함도 없겠고 상함도 없으리라 여호와께서 말씀하시니라."

역시 같은 말씀입니다. 천년왕국이 되면 사나운 짐승들이 다
온순해집니다.

사람들은 건강과 장수를 누리게 됩니다. 천년왕국에는 변화

된 몸을 가진 사람들도 있고 자연적인 몸을 가진 사람들도 있습니다. 변화된 몸을 가진 사람들은 한 명도 늙거나 죽는 일이 없습니다. 하지만 자연적인 몸을 가진 사람들은 자연의 지배를 받을 수밖에 없습니다. 그래서 늙기도 하고 죽기도 합니다. 그러나 하나님께서 그들에게 건강과 장수의 복을 주신다고 성경은 말씀합니다. 이사야 33장 24절입니다.

"그 거주민은 내가 병들었노라 하지 아니할 것이라 거기에 사는 백성이 사죄함을 받으리라."

그때는 병으로 고생하는 사람이 없습니다. 하나님께서 그들에게 건강과 장수의 복을 주시기 때문입니다. 이사야 35장 5-6절도 보겠습니다.

"그 때에 맹인의 눈이 밝을 것이며 못 듣는 사람의 귀가 열릴 것이며 그 때에 저는 자는 사슴 같이 뛸 것이며 말 못하는 자의 혀는 노래하리니 이는 광야에서 물이 솟겠고 사막에서 시내가 흐를 것임이라."

천년왕국에는 병 때문에 고생하는 사람이 없습니다. 7년 대환난 기간 중에 구원받고, 살아서 예수님을 만나게 된 사람 중에 불구의 몸을 가진 사람이 있다면 천년왕국에서는 다 회복될 것입니다. 눈 먼 사람들의 눈을 밝게 해 줄 것이고, 저는 사람들의 다리를 온전케 해주실 것이고, 병든 사람들의 병을 주님께서 고쳐주실 것입니다. 이사야 65장 20절을 보겠습니다.

"거기는 날 수가 많지 못하여 죽는 어린이와 수한이 차지 못

한 노인이 다시는 없을 것이라 곧 백 세에 죽는 자를 젊은이라 하겠고 백 세가 못되어 죽는 자는 저주 받은 자이리라."

그때는 사람의 수명이 엄청나게 늘어날 것입니다. 백 세도 못되어 죽는 사람은 저주받은 사람이라고 했습니다. 대다수 사람들이 수백 년 살 것을 말씀하고 있습니다. 창세기를 읽어보면 사람들이 과거에는 무척 오래 살았던 것을 볼 수 있습니다. 아담이 얼마를 살았습니까? 930년을 살았습니다. 성경에서 가장 오래 산 사람은 므두셀라로 969세, 즉 천 년 가까이 살았습니다. 노아는 950세를 살았습니다. 이와 같이 천년왕국에서는 사람들의 수명도 주님께서 옛날처럼 회복시켜 주실 것입니다.

지금 사람은 70~80세, 오래 살면 90세쯤 사는데, 언제부터 사람의 수명이 이렇게 단축되었는지 아십니까? 노아 홍수가 있고 난 후부터입니다. 그때부터 사람들은 육식을 하기 시작했고, 하늘을 덮고 있던 물층도 사라졌기 때문에 사람의 수명이 이렇게 단축된 것입니다.

그러나 천년왕국에서는 하나님께서 이 모든 것들을 회복시켜 주시고, 사람의 수명도 연장시켜 주실 것입니다. 모르긴 해도 900년 이상 천 년 가까이, 또는 천 년 이상 살 사람도 많을 것입니다. 천년왕국에서 자연의 몸을 가지고 살 사람들 중에도 천년왕국이 끝날 때가지 죽지 않을 사람도 많을 것입니다. 이사야 65장 22절을 보면 그런 것을 알 수 있습니다.

"그들이 건축한 데에 타인이 살지 아니할 것이며 그들이 심은 것을 타인이 먹지 아니하리니 이는 내 백성의 수한이 나무의 수한과 같겠고 내가 택한 자가 그 손으로 일한 것을 길이 누릴 것이며."

내 백성의 수한이 나무의 수한과 같다고 했는데, 나무가 몇 년 삽니까? 종류에 따라 다르겠지만 수백 년 사는 것도 있고 천 년 이상 사는 것도 있습니다. 천년왕국에서는 사람의 수명이 그와 같을 것이라는 것입니다.

천년왕국이 시작될 때는 변화된 몸을 가진 성도의 수가 훨씬 많습니다. 인류 역사를 통하여 구원받은 모든 사람이 들어가니까요. 그러나 나중에는 자연적인 몸을 가진 사람의 수가 엄청나게 많아질 것입니다. 천 년 동안 죽는 사람은 별로 없고 태어나는 사람은 많을 것을 생각해보시기 바랍니다. 자연의 몸을 가진 사람들의 수가 나중에는 정말 많아질 것입니다.

3. 정치, 경제

이상하게 들릴지 모르지만 천년왕국에서도 정치와 경제 활동이 있습니다. 왜 그런가 하면 천년왕국도 이 땅에서 일어나는 상황이기 때문입니다. 아직 천국이 아닙니다. 그리고 이 땅에는 변화된 몸을 가진 성도들도 있지만 지금 우리의 몸과 같은 몸을 가진 사람들도 상당수 있게 됩니다. 그렇다면 그들을 위해서도 정치와 경제 활동은 있을 수밖에 없습니다. 다만 지금의 세상과 차이가 있다면 그때는 통치자가 예수 그리스도라는 것입니다.

나라 구분도 있습니다. 그때도 이스라엘이 있을 것이고, 한국도 있을 것입니다. 천년왕국에서 가장 핵심이 되는 나라는 어느 나라일까요?

당연히 이스라엘입니다. 지금 이 세상에서 가장 영향력 있는 나라는 미국이지만 7년 대환난 기간 중에는 신흥 로마제국, 천년왕국 기간 중에는 이스라엘이 될 것입니다. 그때도 정치와 경제 활동이 있고, 나라의 구분도 있지만 그때는 모든 것이 완벽할 것입니다. 예수님께서 직접 통치하시니까요. 예수님께서는 예루살렘에서 계시고, 각 나라는 대리인을 세워서 통치하시지 않을까 생각합니다. 변화된 몸을 가진 성도들이 각 나라, 각 지역의 대리 통치자가 되어 다스리게 될 것입니다.

천년왕국은 정말 살기 좋은 세상입니다. 이사야 11장 4-5절을 보겠습니다.

"공의로 가난한 자를 심판하며 정직으로 세상의 겸손한 자를 판단할 것이며 그의 입의 막대기로 세상을 치며 그의 입술의 기운으로 악인을 죽일 것이며 공의로 그의 허리띠를 삼으며 성실로 그의 몸의 띠를 삼으리라."

얼마나 공의롭고 멋진 정치가 될 것인지 잘 말씀하고 있습니다. 그때의 정치는 민주정치가 아닙니다. 예수님께서 직접 통치하시고, 예수님의 뜻대로 통치하실 것이기 때문에 민주정치라

할 수는 없습니다. 그러나 예수님께서 정말 공의롭고 정의로운 정치를 할 것이기 때문에 이 세상은 정말 살기 좋은 곳이 될 것입니다. '정의사회, 정의사회' 하지만 지금 이 땅에서는 이루어질 수 없습니다. 그러나 천년왕국에서는 정말 '정의사회'가 이루어질 것입니다.

또 천년왕국에서는 나라들 간에 전쟁도 없습니다.
이사야 2장 4절입니다.
"그가 열방 사이에 판단하시며 많은 백성을 판결하시리니 무리가 그들의 칼을 쳐서 보습을 만들고 그들의 창을 쳐서 낫을 만들 것이며 이 나라와 저 나라가 다시는 칼을 들고 서로 치지 아니하며 다시는 전쟁을 연습하지 아니하리라."
'열방 사이에'라는 표현을 보면 천년왕국에도 나라의 개념이 존재하는 것을 알 수 있습니다. 그러나 나라들 간에 전쟁은 없습니다. 지금도 지구 곳곳에서 전쟁과 테러의 소식이 끊이질 않는데 천년왕국 시대에는 이런 전쟁이 없습니다. 예수 그리스도께서 예루살렘에서 전 세계를 통치하시고 각 나라마다 세운 통치자들도 그리스도인이니 얼마나 아름다운 세상이 되겠습니까! 전쟁이 있을 리 없습니다. 호세아 2장 18절에도 그런 말씀이 있습니다.
"그 날에는 내가 그들을 위하여 들짐승과 공중의 새와 땅의 곤충과 더불어 언약을 맺으며 또 이 땅에서 활과 칼을 꺾어 전쟁

을 없이하고 그들로 평안히 눕게 하리라."

여러분 중에는 전쟁을 경험하신 분도 계실 텐데 전쟁이 얼마나 무섭고 비참합니까! 그런데 천년왕국에서는 전쟁이 없다고 말씀합니다. 사람들의 성품 자체를 주님께서 선하게 바꾸어 주실 것입니다. 동물들의 사나운 성격도 하나님께서 변화시켜 주셔서 온순하게 변화되듯이 말이지요.

스바냐 3장 13절에 그런 말씀이 있습니다.

"이스라엘의 남은 자는 악을 행하지 아니하며 거짓을 말하지 아니하며 입에 거짓된 혀가 없으며 먹고 누울지라도 그들을 두렵게 할 자가 없으리라."

이 말씀에 의하면 그때에는 악을 행하는 자가 없습니다. 하나님께서 사람들을 이렇게 선하게 변화시켜 주십니다. 사람들이 선하게 변하니 세상이 좋아질 수밖에 없습니다.

또한 사람들은 수고한 대로 먹을 수 있게 됩니다. 이사야 65장 21-23절입니다.

"그들이 가옥을 건축하고 그 안에 살겠고 포도나무를 심고 열매를 먹을 것이며 그들이 건축한 데에 타인이 살지 아니할 것이며 그들이 심은 것을 타인이 먹지 아니하리니 이는 내 백성의 수한이 나무의 수한과 같겠고 내가 택한 자가 그 손으로 일한 것을 길이 누릴 것이며 그들의 수고가 헛되지 않겠고 그들이 생산한 것이 재난을 당하지 아니하리니 그들은 여호와의 복된 자의 자손이요 그들의 후손도 그들과 같을 것임이라."

사람들이 수고한 대로 누리게 될 것을 말씀하고 있습니다. 지금 세상은 그렇지 못합니다. 수고는 내가 하고 먹기는 다른 사람이 먹을 수 있습니다. 열심히 수고했는데 재난으로 수고하여 얻은 것을 잃어버릴 수도 있고, 사기를 당할 수도 있습니다. 그러나 천년왕국에서는 수고한 만큼 누릴 수 있다고 말씀합니다. 얼마나 좋은 세상입니까!

이런 세상에서 살고 싶지 않습니까? 구원받은 성도들은 천년 동안 이런 세상을 맛보게 될 것입니다.

4. 신앙생활

천년왕국에서도 신앙생활은 계속됩니다. 천년왕국에서의 신앙생활은 한 마디로 최고 상태입니다. 그럴 수밖에 없는 것이 천년왕국 기간 중에는 마귀가 무저갱 속에 갇혀 있습니다. 마귀가 더 이상 활동하지 않습니다. 요한계시록 20장 1-3절을 보겠습니다.

"또 내가 보매 천사가 무저갱의 열쇠와 큰 쇠사슬을 그의 손에 가지고 하늘로부터 내려와서 용을 잡으니 곧 옛 뱀이요 마귀요 사탄이라 잡아서 천 년 동안 결박하여 무저갱에 던져 넣어 잠그고 그 위에 인봉하여 천 년이 차도록 다시는 만국을 미혹하지 못하게 하였는데 그 후에는 반드시 잠깐 놓이리라."

예수님께서 마귀 사탄을 잡아 무저갱 속에 천 년 동안 가두어 둔다고 했습니다. 그러나 천 년이 끝난 후에 잠깐 풀려날 것도 말씀하고 있습니다. 마귀가 없으니 신앙적으로 얼마나 좋은 세상이 되겠습니까! 지금 이 세상에 죄와 악한 것들이 많은 것은 마귀가 활동하고 있기 때문입니다. 사람들로 하여금 악해지고 죄를 짓도록 마귀가 유혹합니다. 그래서 이 세상에는 죄도 많고 악도 많고, 사람들이 신앙생활도 잘 안하는 것입니다.

　그러나 천년왕국 때는 마귀가 갇혀 있기 때문에 영적으로 정말 좋은 상태를 유지할 수 있습니다. 이사야 11장 9절을 보면 그 때는 하나님을 아는 지식이 '물이 바다를 덮음 같이' 이 세상에 충만할 것이라고 말씀합니다. 그뿐만이 아닙니다. 하나님께서는 사람들에게 새 마음과 새 영을 허락해 주십니다. 그래서 사람들의 마음이 부드러워지고, 하나님을 향하게 되며, 하나님 말씀대로 살기 원하는 마음자세가 됩니다. 에스겔 36장 26-27절이 그렇게 말씀하고 있습니다.

**　"또 새 영을 너희 속에 두고 새 마음을 너희에게 주되 너희 육신에서 굳은 마음을 제거하고 부드러운 마음을 줄 것이며 또 내 영을 너희 속에 두어 너희로 내 율례를 행하게 하리니 너희가 내 규례를 지켜 행할지라."**

　이 말씀을 보면 그 때에 하나님께서 사람들에게 새 영과 새 마음을 주십니다. 그래서 사람들의 마음이 하나님을 향하게 되고, 사람들이 하나님의 말씀대로 살아가게 됩니다. 이런 천년왕국에서 하나님을 섬길 수 있다는 것이 얼마나 큰 축복입니까!

지금은 예수님을 믿고 신앙생활을 하다 보면 힘든 일도 있고 핍박도 당합니다. 그러나 천년왕국에서는 하나님을 경외하는 것이 정상이고, 혹시 하나님을 믿지 않는 사람이 있다면 그 사람이 비정상입니다. 하나님의 말씀이 천지에 충만한 좋은 세상일 것이기 때문입니다.

그때는 하나님의 말씀이 보편화되고 당연하게 받아들여집니다. 사람들은 하나님의 말씀을 사모하고 하나님의 말씀대로 살 것입니다. 그때는 굳이 전도할 필요도 없습니다. 천년왕국 시대에 태어나는 사람들도 물론 개별적으로 예수님을 영접해야 합니다. 그러나 온 세상의 분위기가 하나님을 경외하는 분위기이므로 굳이 나가서 전도할 필요가 없습니다.

예레미야 31장 33-34절입니다.

"그러나 그 날 후에 내가 이스라엘 집과 맺을 언약은 이러하니 곧 내가 나의 법을 그들의 속에 두며 그들의 마음에 기록하여 나는 그들의 하나님이 되고 그들은 내 백성이 될 것이라 여호와의 말씀이니라 그들이 다시는 각기 이웃과 형제를 가리켜 이르기를 너는 여호와를 알라 하지 아니하리니 이는 작은 자로부터 큰 자까지 다 나를 알기 때문이라 내가 그들의 악행을 사하고 다시는 그 죄를 기억하지 아니하리라 여호와의 말씀이니라."

이 말씀에 의하면 천년왕국에서는 굳이 "여호와를 아십시오, 예수님을 믿으십시오, 하나님을 경외하십시오"라는 말을 할 필요가 없습니다. 왜냐하면 그때는 큰 자나 작은 자나, 아이나 어른이나 다 하나님을 알 것이기 때문입니다. 그리고 사람들은 예루살렘에 있는 성전으로 하나님의 말씀을 듣기 위해 모여들 것입니다.

이사야 2장 2-3절입니다.

"말일에 여호와의 전의 산이 모든 산 꼭대기에 굳게 설 것이요 모든 작은 산 위에 뛰어나리니 만방이 그리로 모여들 것이라 많은 백성이 가며 이르기를 오라 우리가 여호와의 산에 오르며 야곱의 하나님의 전에 이르자 그가 그의 길을 우리에게 가르치실 것이라 우리가 그 길로 행하리라 하리니 이는 율법이 시온에서부터 나올 것이요 여호와의 말씀이 예루살렘에서부터 나올 것임이니라."

이 말씀을 보면 세상에 흩어져 사는 사람들이 그날에는 예루살렘으로 향하게 됩니다. 하나님의 말씀을 듣기 위해서입니다. 예루살렘이 말씀의 근원지가 됩니다. 그곳으로 사람들이 모여들 것입니다. 그때에 예루살렘에 성전이 있을 것인데 그 성전에 대해서는 에스겔서 40-46장에 크기부터 시작해서 모든 것이 상세하게 기록되어 있습니다.

그런데 그때도 하나님을 믿지 않고 거역하는 사람들이 있습니다. 희한하지요? 천년왕국이 시작될 때에는 이 세상에 믿는 사람들뿐이었습니다. 그러나 시간이 흐르면서 많은 아이들이 태어나게 되는데 그들 중에 믿지 않는 사람들이 나오게 됩니다.

하나님을 경외하는 분위기 속에서 살게 되지만 그 중에는 구원받지 못한 사람들도 있게 됩니다. 그래서 천 년이 지나고 난 뒤에 마귀가 풀려나서 사람들을 미혹할 때 구원받지 못한 사람들이 마귀 사탄을 따르게 됩니다. 요한계시록 20장 7-8절에 그런 말씀이 있습니다.

"천 년이 차매 사탄이 그 옥에서 놓여 나와서 땅의 사방 백성 곧 곡과 마곡을 미혹하고 모아 싸움을 붙이리니 그 수가 바다의 모래 같으리라."

천 년이 지난 뒤에 마귀가 잠깐 풀려서 사람들을 미혹하는 것을 말씀하고 있습니다. '곡과 마곡'은 예수 그리스도를 믿지 않고 거역하는 사람들을 가리키는 상징적인 표현입니다. 이런 말씀들을 통하여 천년왕국 중에도 예수님을 믿지 않고 구원받지 못할 사람들이 있는 것을 알 수 있습니다. 그러나 그들의 결말은 멸망입니다(계 20:9-10).

천년왕국 시대에, 예수님께서 이 땅에 몸으로 계시고, 변화된 몸을 가진 성도들도 함께 살고 있는데 어떻게 사람들이 예수님을 믿지 않을 수 있는지 이해가 잘 되지 않습니다. 그런데 완벽한 에덴동산에서 아담과 하와가 하나님을 거역하고 불순종한 것을 생각하면 조금 이해가 되기도 합니다.

천년왕국에 대하여 크게 네 가지를 말씀드렸습니다. 한 마디로 천년왕국은 정말 좋은 세상입니다. 자연환경도 좋고, 정치와 경제도 좋고, 신앙생활하기에도 정말 좋은 곳입니다. 이런 곳에서 예수님 믿고 구원받은 모든 사람들이 천 년 동안 주님과 함께 왕과 같은 생활을 하게 될 것입니다.

이런 나라에 빨리 가고 싶지 않습니까?

제가 필리핀에 가보니 '히든 밸리(Hidden Valley, 감추어진 계곡)' 라는 곳이 있었습니다. 정말 아름답고 좋은 곳이어서 에덴동산이 이와 같지 않을까 하는 생각이 들 정도였습니다. 그런데 천년왕국에서는 에덴동산보다도 더 좋은 자연환경 속에서 하나님을 섬기며 생활하게 될 것입니다.

'천년왕국' 하니까 상당히 멀게 느껴지시지요? 그러나 그렇게 먼 이야기가 아닙니다. 예수님께서 공중에 재림하시고 성도들이 휴거되면 그로부터 7년 뒤에 천년왕국이 시작됩니다. 그러니 빠르면 7년 뒤에도 시작될 수 있는 상황입니다. 그러므로 이 땅에 살면서도 늘 장차 들어갈 천년왕국을 생각하면서 사는 저와 여러분이 되기를 바랍니다.

제7강
영원세계

요한계시록 20:11-21:4

"또 내가 크고 흰 보좌와 그 위에 앉으신 이를 보니 땅과 하늘
이 그 앞에서 피하여 간 데 없더라 또 내가 보니 죽은 자들이 큰 자
나 작은 자나 그 보좌 앞에 서 있는데 책들이 펴 있고 또 다른 책이
펴졌으니 곧 생명책이라 죽은 자들이 자기 행위를 따라 책들에 기
록된 대로 심판을 받으니 바다가 그 가운데에서 죽은 자들을 내주

고 또 사망과 음부도 그 가운데에서 죽은 자들을 내주매 각 사람이 자기의 행위대로 심판을 받고 사망과 음부도 불못에 던져지니 이것은 둘째 사망 곧 불못이라 누구든지 생명책에 기록되지 못한 자는 불못에 던져지더라 또 내가 새 하늘과 새 땅을 보니 처음 하늘과 처음 땅이 없어졌고 바다도 다시 있지 않더라 또 내가 보매 거룩한 성 새 예루살렘이 하나님께로부터 하늘에서 내려오니 그 준비한 것이 신부가 남편을 위하여 단장한 것 같더라 내가 들으니 보좌에서 큰 음성이 나서 이르되 보라 하나님의 장막이 사람들과 함께 있으매 하나님이 그들과 함께 계시리니 그들은 하나님의 백성이 되고 하나님은 친히 그들과 함께 계셔서 모든 눈물을 그 눈에서 닦아 주시니 다시는 사망이 없고 애통하는 것이나 곡하는 것이나 아픈 것이 다시 있지 아니하리니 처음 것들이 다 지나갔음이러라."

성경이 말하는 종말은 예수 그리스도의 공중 재림과 성도들의 공중 들림(휴거)으로 시작됩니다. 구원받은 사람들이 공중으로 들림 받게 되면 이 땅에서는 전에도 없었고 후에도 없을 대환난이 시작됩니다. 7년 동안의 대환난은 예수 그리스도의 지상 재림으로 막을 내리고, 예수님께서 이 땅으로 내려오시면 천년왕국이라는 유토피아가 이 땅 위에 건설되고, 천년왕국이 끝나면 영원한 세계가 펼쳐지게 됩니다.

요한계시록 20장 11절부터 21장 4절까지의 말씀을 보면 모든 사람은 결국 '불못' 아니면 '새 예루살렘'에서 영원을 보내게 됩니다. 불못은 소위 말하는 지옥이고, 새 예루살렘은 천국입니다. 이 두 곳에 대해서 성경은 무엇을 말하는지 살펴보겠습니다.

1. 불못

먼저 '불못'에 대해 알아보기 원합니다. 요한계시록 20장 11-15절입니다.

"또 내가 크고 흰 보좌와 그 위에 앉으신 이를 보니 땅과 하늘이 그 앞에서 피하여 간 데 없더라 또 내가 보니 죽은 자들이 큰 자나 작은 자나 그 보좌 앞에 서 있는데 책들이 펴 있고 또 다른 책이 펴졌으니 곧 생명책이라 죽은 자들이 자기 행위를 따라 책들에 기록된 대로 심판을 받으니 바다가 그 가운데에서 죽은 자들을 내주고 또 사망과 음부도 그 가운데에서 죽은 자들을 내주매 각 사람이 자기의 행위대로 심판을 받고 사망과 음부도 불못에 던져지니 이것은 둘째 사망 곧 불못이라 누구든지 생명책에 기록되지 못한 자는 불못에 던져지더라."

이 말씀은 천년왕국이 끝나고 난 뒤의 상황을 말씀합니다. 천년왕국이 끝나면 땅과 하늘은 온데간데없이 자취를 감춥니다. 그리고 사람들이 '흰 보좌' 앞에서 하나님의 심판을 받습니다.

어떤 사람들이 심판받는가 하면 창세 이래로 하나님을 거역하고, 하나님을 믿지 않고 죽은 모든 사람이 다 심판을 받습니다. 하나님께서 죽은 이들을 살려내어 심판하시는 것입니다. 우리는 '부활' 하면 영생을 위한 부활을 생각하지만 이들의 부활은 심판을 위한 부활입니다. 그래서 요한복음 5장 29절에서는 이 부활을 '심판의 부활' 이라고 했습니다.

지금까지 이들의 영혼은 '음부' 라는 곳에 있었습니다. 엄격히 말하면 음부는 불못과는 다른 곳이지만 성격은 같은 곳입니다. 이들이 지금까지 음부에서 고통을 당하다가 심판을 받기 위해 하나님 앞에 선 것입니다. 음부가 이들을 내어준다고 성경은 말씀합니다(계 20:13).

사람은 죽는 즉시 영혼이 '음부' 아니면 '낙원' 으로 갑니다. 이 두 곳을 우리는 '지옥' 과 '천국' 으로 표현하기도 하지만 정확한 표현은 '음부' 와 '낙원' 입니다.

그런데 성경을 잘 보면 그곳에 영혼만 가는 것이 아니라 몸도 함께 가는 것처럼 묘사되어 있습니다(눅 16:22-24). 사람이 죽으면 영혼은 몸을 떠나지만 몸은 여전히 이 땅에 남습니다. 곧 흙이 될 몸이지만 이 땅에 남는 것은 틀림없습니다. 그런데 성경을 잘 보면 분명히 영혼만 가야 하는데 몸도 함께 따라가는 것처럼 보입니다. 그 몸은 일시적으로 입고 있을 임시적인 몸이라고 생각됩니다. 부활할 때는 부활의 몸을 모든 사람들이 입게 될 것입니다.

예수님을 믿지 않고 죽은 모든 사람들은 음부에서 고통을 당하다가 하나님께서 심판하시는 그 날에 다시 살아나게 됩니다. 그리고 하나님의 심판을 받습니다. 이 심판을 '흰 보좌 심판'이라고 합니다. 그 이유는 그들이 심판받을 곳이 '흰 보좌' 앞이기 때문입니다. 흰 보좌 심판은 구원받은 사람들이 공중에서 예수 그리스도 앞에서 받는 심판과는 근본적으로 다릅니다. 흰 보좌 심판의 대상은 구원받지 못한 사람들입니다. 하나님을 거부했던 사람들이 하나님 앞에서 심판을 받는 것입니다.

그들이 심판을 받는데 '자기의 행위를 따라' 심판을 받는다고 했습니다(계 20:12-13). 이 심판을 거쳐 그들은 불못(지옥)에 던져지게 되는데 그들이 받게 될 벌에는 차이가 있습니다. 예수님을 믿지 않는 사람들 중에도 선량하고 착한 분들이 있습니다. 또 어떤 사람은 정말 악하고 강하게 하나님을 대적하면서 삽니다. 그런데 그들이 받게 될 벌이 다르다는 것입니다. 예를 들면 히틀러, 스탈린, 폴 포트, 김일성 같은 사람들은 예수님을 믿지 않는 사람들 중에서도 정말 악한 사람들입니다. 이런 사람들은 벌을 받아도 많이 받게 될 것입니다. 농담으로 "OOO는 지옥에 가더라도 지옥 아랫목에 가게 될 것이다"라는 말을 하는데, 지옥에 더 뜨거운 곳이 있는지 모르겠지만 벌에 있어서 차이가 있는 것만은 확실합니다. '자기의 행위를 따라' 심판을 받는다고 했고, 하나님은 공의의 하나님이기 때문입니다. 믿는 자들이 받게 될 상에도 차등이 있는 것을 감안하면 믿지 않는 자들이 받게 될 벌에도 차등이 있을 것은 분명합니다.

그러나 믿지 않는 이들 모두가 갈 곳은 결국 불못입니다. 불못에 던져지는 이 사건을 성경에서는 '둘째 사망' 이라고 표현합니다(계 20:14).

구원받은 사람들에게는 죽음이 한 번 있습니다. 죽는 순간 구원받은 사람들은 천국(낙원)에 들어갈 것이고, 그곳에서 주님과 영원토록 살게 될 것입니다. 그러나 예수님을 믿지 않고 죽은 사람들, 구원받지 못하고 죽은 사람들은 죽은 뒤에 또 다른 사형선고를 받게 됩니다. 그 사형선고가 불못에서 영원토록 고통을 당하는 것입니다. 그것을 성경에서는 '둘째 사망' 이라고 했습니다.

오늘날 많은 사람들이 사후세계에 대해서 믿지 않습니다. 특별히 지옥에 대해서는 더 믿지 않습니다. 그러나 성경은 분명히 사후세계는 존재하며, 지옥도 존재하는 것을 말씀하고 있습니다. 히브리서 9장 27절에 "한 번 죽는 것은 사람에게 정해진 것이요 그 후에는 심판이 있다"고 했습니다. 심판이나 지옥을 지금 우리의 눈으로 확인할 수는 없습니다. 그러나 성경이 그것을 말하면 믿어야 합니다. 성경은 일점일획의 오류가 없는 하나님의 말씀이고 진리이기 때문입니다.

믿지 않는 사람들이 가게 될 불못은 어떤 곳일까요? 한 마디로, 상상도 할 수 없는 고통의 장소입니다. 사람이 갈 곳이 아닙니다. 원래 지옥(불못)은 사람들을 위해 만들어진 곳이 아닙니다. 마귀 사탄과 그를 따르는 악한 천사들을 위해 만들어진 곳입니다(마 25:41). 그러므로 이곳은 절대로 사람이 갈 곳이 아닙니다.

어떤 사람들은 "하나님은 사랑의 하나님인데 어떻게 자기를 믿지 않는다고 사람을 지옥에 던져 넣을 수가 있는가?"라고 묻습니다. 그런데 그렇게 질문하는 것은 그들이 하나님을 모르기 때문입니다. 하나님은 사랑의 하나님 맞습니다. 사랑의 하나님께서 사람들을 지옥에 보내는 것이 아니라 엄격히 말하면 사람들이 스스로 지옥을 선택해서 가는 것입니다. 하나님은 사람들이 멸망하기를 원치 않으십니다. 모든 사람이 다 구원받고 천국에 가기를 원하십니다. 베드로후서 3장 9절에서 **"주의 약속은 어떤 이들이 더디다고 생각하는 것 같이 더딘 것이 아니라 오직 주께서는 너희를 대하여 오래 참으사 아무도 멸망하지 아니하고 다 회개하기에 이르기를 원하시느니라"**라고 하셨습니다. 이것이 하나님의 마음입니다. 하나님은 사람들이 지옥에 가는 것을 결코 좋아하시지 않습니다. 그러나 하나님을 거역하고 받아들이지 않는다면 결국은 마귀 사탄을 쫓아서 그곳으로 가게 되어 있습니다. 그러므로 지옥은 스스로 선택해서 가는 것이지 하나님께서 보내는 것이 아님을 알아야 합니다.

지옥은 사람이 갈 곳이 못되기 때문에 절대로 가서는 안 됩니다. 예수님 믿고 구원받아 천국에 가야 합니다. 여러분 중에 아직도 예수님을 알지 못하고 지옥으로 향하는 분이 있다면 꼭 예수님을 믿고 구원받으시기 바랍니다. 여러분으로 하여금 예수님을 믿지 못하게 하는 것이 있다면 그것이 무엇이든 다 버리시기 바랍니다. 지옥은 여러분이 갈 곳이 못됩니다. 무엇이 여러분으로 하여금 예수 믿는 것을 방해하는지는 몰라도 그것을 버리고 예수 믿는 쪽으로 결단을 내리시기 바랍니다. 마가복음 9장 43-49절에 이런 말씀이 있습니다.

"만일 네 손이 너를 범죄하게 하거든 찍어버리라 장애인으로 영생에 들어가는 것이 두 손을 가지고 지옥 곧 꺼지지 않는 불에 들어가는 것보다 나으니라 만일 네 발이 너를 범죄하게 하거든 찍어버리라 다리 저는 자로 영생에 들어가는 것이 두 발을 가지고 지옥에 던져지는 것보다 나으니라 만일 네 눈이 너를 범죄하게 하거든 빼버리라 한 눈으로 하나님의 나라에 들어가는 것이 두 눈을 가지고 지옥에 던져지는 것보다 나으니라 거기에서는 구더기도 죽지 않고 불도 꺼지지 아니하느니라 사람마다 불로써 소금 치듯 함을 받으리라."

지옥이 얼마나 무섭고, 가서는 안 될 곳이면 예수님께서 이런 말씀을 하셨겠습니까! 예수님을 믿는데 재물이 방해가 된다면 재물을 버리기 바랍니다. 세상이 너무 좋고 세상의 쾌락이 너무 좋아서 예수님을 믿지 못하고 있다면 세상의 저급한 쾌락에서 돌아서기 바랍니다. 온전한 육체로 지옥에 가는 것보다 차라리 장애인이 되어서 천국에 가는 것이 훨씬 낫다고 성경은 말씀합니다. 지켜야 할 어떤 전통 때문에 예수님을 믿지 못하고 있다면 그 전통도 버리기 바랍니다. 인간의 전통보다 더 중요한 것이 하나님의 말씀입니다.

무엇이 여러분으로 하여금 예수님을 믿지 못하게 합니까? 무엇이라도 버리고 예수님을 믿고 구원받아 천국에 가시기를 바랍니다. 누가복음 16장에 '부자와 거지 나사로'의 이야기가 나옵니다. 부자는 살았을 때 예수님을 믿지 않았습니다. 결국 죽어 음부에 떨어져 고통을 당하게 됩니다. 그가 아브라함에게 요청합니다. **"나를 긍휼히 여기사 나사로를 보내어 그 손가락 끝에 물을 찍어 내 혀를 서늘하게 하소서 내가 이 불꽃 가운데서 괴로워하나이다"**(눅 16:24).

이 부자의 고통이 상상되십니까? 고통이 얼마나 심했으면 물한 방울을 위해 이렇게 호소하겠습니까! 그런데 지옥에서는 그부탁도 받아들여지지 않습니다. 그래서 부자는 다시 애원합니다. **"내 형제 다섯이 있으니 그들에게 증언하게 하여 그들로 이고통 받는 곳에 오지 않게 하소서"**(눅 16:28).

부자가 살았을 때는 얼마나 형제들을 생각했는지 모르지만 죽어서는 자기 형제들이 이곳에 와서는 안 되겠다고 생각하고 도움을 청하는 것입니다. 지옥이 이런 곳입니다. 상상을 초월하는 고통의 장소, 사람이 갈 곳이 못되는 곳. 지옥이 그런 곳입니다.

　"예수님 믿지 않으면 지옥에 간다!"고 하면 어떤 사람들은
"나는 내 친구들을 만나기 위해서라도 예수 믿을 수가 없다. 내
친구들이 다 지옥에 가 있는데 그들을 만나기 위해서라도 지옥
에 가겠다"고 합니다. 지금은 그렇게 말할 수 있겠지요. 그러나
지옥은 결코 그런 식으로 말할 만한 곳이 아니라는 것을 잊지 마
십시오.

　누가복음 16장에 나오는 부자의 애원을 기억하기 바랍니다.
"그들로 이 고통 받는 곳에 오지 않게 하소서!" 만약 지옥에 가
있는 부모형제가 있다면 그들이 바라는 것이 무엇인줄 아십니
까? 여러분만큼은 지옥에 오지 않는 것입니다. 그 사실을 기억
하면서 아직 예수님을 믿지 않고 있는 분이 있다면 오늘 예수님
을 믿고 구원받아 천국에 가시기를 바랍니다.

2. 새 예루살렘

　이번에는 '새 예루살렘'에 대해 알아보겠습니다. 요한계시
록 21장 1-4절입니다.

　**"또 내가 새 하늘과 새 땅을 보니 처음 하늘과 처음 땅이 없
어졌고 바다도 다시 있지 않더라 또 내가 보매 거룩한 성 새 예**

루살렘이 하나님께로부터 하늘에서 내려오니 그 준비한 것이 신부가 남편을 위하여 단장한 것 같더라 내가 들으니 보좌에서 큰 음성이 나서 이르되 보라 하나님의 장막이 사람들과 함께 있으매 하나님이 그들과 함께 계시리니 그들은 하나님의 백성이 되고 하나님은 친히 그들과 함께 계셔서 모든 눈물을 그 눈에서 닦아 주시니 다시는 사망이 없고 애통하는 것이나 곡하는 것이나 아픈 것이 다시 있지 아니하리니 처음 것들이 다 지나갔음이러라."

이 말씀을 보면 '거룩한 성'이 하나님께로부터 하늘에서 내려옵니다. 이 성은 새 예루살렘입니다. 우리가 소위 말하는 천국입니다. 예수님을 믿고 구원받은 사람들은 이곳에서 주님과 함께 영원히 살게 됩니다. 4절을 보면 이곳에는 슬픔이 없습니다. 눈물도 없고 아픔도 없습니다. 근심이나 걱정도 없습니다. 이별도 없고 죽음도 없습니다. 이런 곳이라면 살 맛 나지 않겠습니까? 천국은 정말 좋은 곳입니다.

천국은 어떻게 생겼을까요?

천국의 모양을 알게 되면 여러분은 천국에 가고 싶어서 안달이 날지도 모르겠습니다. 제가 성경을 보며 천국의 모양을 상상해 봤는데 이 땅에서 살맛을 잃어버릴 뻔 했습니다. 빨리 천국 가고 싶은 생각이 간절했습니다.

천국이 어떻게 생겼는지 보겠습니다.

천국의 모양이나 크기에 대해서는 요한계시록 21장 11-21절에 자세하게 나와 있습니다. 어떤 사람은 천국에 갔다 왔다고 하면서 강의도 하고 책도 쓰던데 그들의 말은 믿을 것이 못됩니다. 어디서 무얼 보고 왔는지 모르겠지만 우리가 믿을 수 있는 것은 성경에 기록된 내용입니다. 성경에 기록된 내용만이 천국의 진짜 모습입니다.

　요한계시록 21장 11-21절입니다.

　"하나님의 영광이 있어 그 성의 빛이 지극히 귀한 보석 같고 벽옥과 수정 같이 맑더라 크고 높은 성곽이 있고 열두 문이 있는데 문에 열두 천사가 있고 그 문들 위에 이름을 썼으니 이스라엘 자손 열두 지파의 이름들이라 동쪽에 세 문, 북쪽에 세 문, 남쪽에 세 문, 서쪽에 세 문이니 그 성의 성곽에는 열두 기초석이 있고 그 위에는 어린 양의 열두 사도의 열두 이름이 있더라 내게 말하는 자가 그 성과 그 문들과 성곽을 측량하려고 금 갈대 자를 가졌더라 그 성은 네모가 반듯하여 길이와 너비가 같은지라 그 갈대 자로 그 성을 측량하니 만 이천 스다디온이요 길이와 너비와 높이가 같더라 그 성곽을 측량하매 백사십사 규빗이니 사람의 측량 곧 천사의 측량이라 그 성곽은 벽옥으로 쌓였고 그 성은 정금인데 맑은 유리 같더라 그 성의 성곽의 기초석은 각색 보석으로 꾸몄는데 첫째 기초석은 벽옥이요 둘째는 남보석이요 셋째는 옥수요 넷째는 녹보석이요 다섯째는 홍마노요 여섯째는 홍보석이요 일곱째는 황옥이요 여덟째는 녹옥이요 아홉째는 담

황옥이요 열째는 비취옥이요 열한째는 청옥이요 열두째는 자수 정이라 그 열두 문은 열두 진주니 각 문마다 한 개의 진주로 되어 있고 성의 길은 맑은 유리 같은 정금이더라."

이것이 성경이 말하는 천국의 모양입니다.

먼저 모양을 보겠습니다. 모양은 네모가 반듯해서 길이와 너비와 높이가 같다고 했습니다. 가로, 세로, 높이가 같으면 무슨 모양입니까? 정육면체 모양일 수도 있고, 피라미드 모양일 수도 있습니다. 그러므로 천국은 정육면체 아니면 피라미드 모양입니다. 지성소의 모양이 정육면체였던 것을 고려하면 정육면체일 가능성이 높습니다.

크기는 한 면의 길이가 '만 이천 스타디온'이라고 했습니다. 만 이천 스타디온은 약 2,200km입니다. 이 거리는 서해의 인천에서부터 동해의 삼척까지의 거리 열 배에 해당됩니다. 서울에서 홍콩까지의 거리에 해당되기도 합니다. 지구의 크기에 비하여 그렇게 크다고 할 수는 없습니다. 그런데 어떻게 인류 역사를 통하여 구원받은 모든 사람이 그곳에서 살 수 있을까 궁금해하시는 분들이 계실 것입니다. 거기에 대해서는 걱정할 필요가 없습니다. 왜냐하면 지구에서는 사람들이 지표면에서만 살지만 천국에서는 2,200km 높이의 모든 공간을 다 활용하여 살기 때문입니다. 2,200km의 높이가 얼마나 높은지 감이 잘 안 잡힐 것입니다. 우주 공간에 있는 우주정거장까지의 거리가 350km라고 합니다. 그러니 2,200km 높이는 얼마나 높은 것입니까! 그 모든 공간을 다 활용하여 살 것이기 때문에 인류 역사를 통해 구원받은 모든 사람이 살기에 부족함이 없습니다. 그리고 천국에서는 시공을 초월하는 몸을 가지고 살 것이기 때문에 천국의 이곳저곳을 순식간에 이동하면서 살게 될 것입니다.

성에 '성곽' 즉 성벽도 있다고 했습니다. 성벽의 크기는 '백사십사 규빗'이라고 했습니다. 144규빗은 약 65m입니다. 그런데 이 크기가 두께를 말하는지 높이를 말하는지 알 수가 없습니다. 12절에서 '크고 높은 성곽'이라고 한 것을 보면 성벽의 두께라는 생각이 듭니다. 높이가 65m라면 그렇게 높은 것이 아닙니다. 성의 높이가 2,200km인 것에 비하면 65m는 전혀 높은 것이 아닙니다. 그러므로 두께가 65m라고 생각됩니다.

그 성벽에는 열두 기초석이 있고, 그 위에는 열두 사도의 이름이 새겨져 있습니다. 그리고 성벽에는 열두 개의 문이 동서남북으로 각각 세 개씩, 도합 열두 개가 있고, 그 문마다 이스라엘 열두 지파의 이름이 새겨져 있다고 했습니다.

성의 재료는 정금으로 되어 있습니다. "그 성은 정금인데 맑은 유리 같더라"(18b절)고 했습니다. 성 자체의 재료가 정금이라는 것입니다. 그 성에 길도 있는데 길도 '맑은 유리와 같은 정금'이라고 했습니다(21b절).

천국에 있는 금은 우리가 알고 있는 금과는 조금 다른 것 같습니다. 우리가 알고 있는 금은 아무리 제련을 하고 정제를 해도 투명해지지 않습니다. 그런데 천국의 금은 온통 투명한 것처럼 말씀하고 있습니다. 그러므로 천국의 금은 우리가 알고 있는 금과는 다른 종류일 가능성이 높습니다.

성벽은 '벽옥'으로 되어 있다고 말씀합니다. 벽옥이라는 보석을 들어보셨습니까? 영어성경에는 재스퍼(jasper)로 번역되어 있습니다. 재스퍼는 들어보셨지요? 성벽은 벽옥으로 되어 있고, 성벽의 열두 기초석은 열두 개의 보석으로 되어 있다고 19-20절은 말씀합니다. 그 이름들 중에 아는 것이 몇 개나 있습니까? 어떤 것은 여러분도 아실 것입니다. 둘째 기초석은 남보석이라고 했는데 이것은 사파이어입니다. 넷째 녹보석은 에메랄드이고, 아홉째 기초석 담황옥은 토파즈라는 보석입니다. 이와 같이 천국은 정말 아름다운 보석들로 이루어져 있습니다. 또한 열두 문은 열 두 개의 진주로 되어 있는데 문마다 한 개의 진주로 되어 있다고 했습니다. 큰 진주로 문을 만들었다는 것인데 얼마나 아름답겠습니까!

그뿐만이 아닙니다. 새 예루살렘 성에는 '생명수의 강'이 흐릅니다. 강 좌우에는 생명나무가 있어 열두 가지 열매를 달마다 맺습니다. 요한계시록 22장 1-2절입니다.

"또 그가 수정 같이 맑은 생명수의 강을 내게 보이니 하나님과 및 어린 양의 보좌로부터 나와서 길 가운데로 흐르더라 강 좌

우에 생명나무가 있어 열두 가지 열매를 맺되 달마다 그 열매를 맺고 그 나무 잎사귀들은 만국을 치료하기 위하여 있더라."

천국에는 생명수의 강도 흐르는데 이 물은 또 얼마나 맑겠습니까! 천국에 흐르는 맑은 생명수의 강! 한 번 상상해보기 바랍니다. 금싸라기가 강바닥에 깔려 있고, 금덩어리가 여기저기 아름답게 조화를 이루는 가운데 강물이 흘러갑니다. 정말 아름다울 것 같지 않습니까?

저는 오대산 국립공원에 있는 소금강 계곡을 참 좋아합니다. 그 계곡에 가보신 분들은 아시겠지만 물이 그렇게 맑고 좋을 수가 없습니다. 그런데 천국에서 보게 될 생명수의 강은 소금강 계곡의 물과는 비교할 수도 없이 좋습니다. 정말 아름다운 모습을 보게 될 것입니다.

또한 천국에는 밤이 없습니다. 하나님의 영광의 광채가 항상 비치기 때문에 어둠도 없고 밤도 없습니다. 요한계시록 21장 23절과 25절입니다.

"그 성은 해나 달의 비침이 쓸 데 없으니 이는 하나님의 영광이 비치고 어린 양이 그 등불이 되심이라."

"낮에 성문들을 도무지 닫지 아니하리니 거기에는 밤이 없음이라."

22장 5절도 보겠습니다.

"다시 밤이 없겠고 등불과 햇빛이 쓸 데 없으니 이는 주 하나님이 그들에게 비치심이라 그들이 세세토록 왕 노릇 하리로다."

천국에는 하나님의 영광의 광채 때문에 어둠도 없고 밤도 없습니다. 잠 좋아하는 분들은 큰일 났습니다. 천국 가면 잠을 못 주무십니다. 그런데 너무 좋아서 잠도 오지 않을 것입니다. 천국이 얼마나 좋고 아름다운 곳인지 상상이 되십니까?

천국에서 주님과 영원히 살 것을 생각해 보시기 바랍니다. 신나지 않습니까? 저는 천국을 생각하다가 '빨리 천국 가야지!' 하는 생각이 굴뚝같이 일어나서 이것을 자제하느라 아주 애를 먹었습니다. 천국만 생각하면 저는 지금 죽어도 여한이 없습니다. 천국이 너무나 좋은 곳이라는 것을 제가 알기 때문입니다.

사랑하는 성도 여러분! 이 세상을 살다보면 힘든 일도 만나고, 어려운 일도 만나고, 괴로운 일도 만납니다. 그럴 때 천국을 생각하며 소망을 가지기 바랍니다. 천국에는 슬픔이 없습니다. 고통도 없습니다. 힘든 일도 없고, 아픔도 없고, 이별도 없고, 죽음도 없습니다. 이렇게 좋은 천국이 우리에게 있다는 것이 얼마나 감사합니까! 늘 천국을 바라보면서 세상에 미련 두지 맙시다. 세상에서의 삶이 아무리 좋다 해도 천국에서의 삶에 비하면 아무것도 아닙니다.

이 땅에서의 삶은 아주 짧습니다. 우리의 인생은 잠시 지나갑니다. 우리가 살 곳은 이 땅이 아니라 영원한 천국입니다. 멀지 않은 장래에 주님이 우리를 데리러 다시 오실 것입니다.

요한계시록 22장 20을 읽고 마치겠습니다.

"이것들을 증언하신 이가 이르시되 내가 진실로 속히 오리라 하시거늘 아멘 주 예수여 오시옵소서."

이 고백이 저와 여러분의 고백이 되기를 바랍니다.